ヤマケイ文庫

黒部源流山小屋暮らし

Yamato Keiko　やまとけいこ

Yamakei Library

黒部源流概念図
黒部湖
奥黒部ヒュッテ
下ノ黒ビンガ
黒部川
上ノ廊下
東沢谷
赤牛岳
2864m
N
E
S
W
水晶岳(黒岳)
2986m
水晶小屋
高天原山荘
大東鉱山跡
立石奇岩
大東新道
奥ノ廊下
雲ノ平山荘
雲ノ平
祖父岳
2825m
鷲羽岳
2924m
三俣山荘

日本海
富山県
北アルプス
越中沢岳
2592m
スゴの頭
スゴ乗越小屋
間山
2585m
北薬師岳
2900m
黒部川上ノ廊下
薬師岳
2926m
東南尾根
薬師岳山荘
至折立登山口
愛知大遭難事故
太郎兵衛平
太郎平小屋
右俣
第二徒渉点
第三徒渉点
第一徒渉点
薬師沢小屋
薬師沢
左俣
上ノ岳
(北ノ俣岳)
2622m
赤木沢

黒部源流、薬師沢小屋。花崗岩の白にエメラルドグリーンと赤い吊り橋が美しい

薬師沢小屋までの道程
参考コースタイム：7時間10分
折立登山口
1356m
樹林帯の急登がキツい
標高二九二六mの頂上へ!!
薬師岳登山はこっち
分岐を薬師沢方面へ
↑2:50
4:30↓
ライチョウ
太郎平キャンプ場
至薬師岳
至上ノ岳(北ノ俣岳)
太郎平小屋2330m
展望最高!!
太郎からは急な下り
雨の日は木道が滑りやすい!!
↑3:00
2:40↓
左俣
右俣
川にはイワナが泳いでいるよ
カベッケが原
釣りはリリースを
薬師沢
薬師沢小屋1920m
黒部川本流

太郎山から太郎平小屋と薬師岳を望む。秋の陽光を浴び、太郎平の草黄葉がキラキラと黄金色に輝く。もしかしたらこの山域のどこかに、まだ見ぬ金の鉱脈が眠っているかもしれない

日本最奥地にある温泉小屋、高天原山荘。もともとは鉱山作業員の宿舎だった

薬師岳から五色ヶ原、立山方面へ抜ける縦走路上にある、スゴ乗越小屋

昔の薬師沢小屋アルバム

（写真提供＝五十嶋博文）

昭和38年
黒部川薬師沢出合に新築された薬師沢小屋

昭和37年
薬師沢出合に設置した篭の渡し

昭和43年
薬師沢出合吊り橋、新設される

昭和39年
薬師沢出合の篭の渡しから、吊り橋架設へ

発電機のメンテナンスをする赤塚小屋番。薬師沢小屋の支配人

屋根の上に布団の花が咲いたよ。天気のいい日は、ポカポカ布団干し

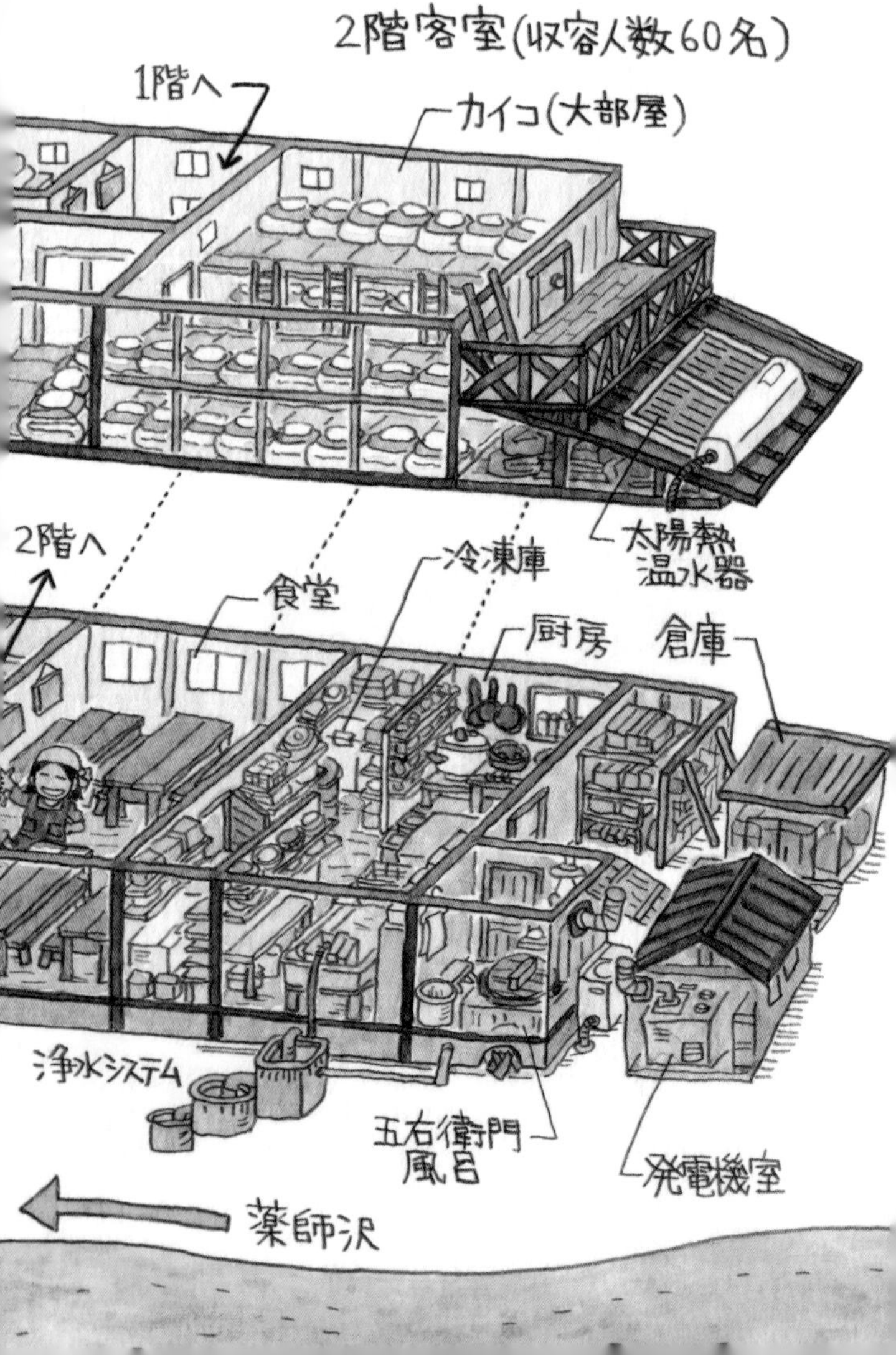
2階客室(収容人数60名)
1階へ
カイコ(大部屋)
太陽熱温水器
2階へ
冷凍庫
食堂
厨房
倉庫
浄水システム
五右衛門風呂
発電機室
薬師沢

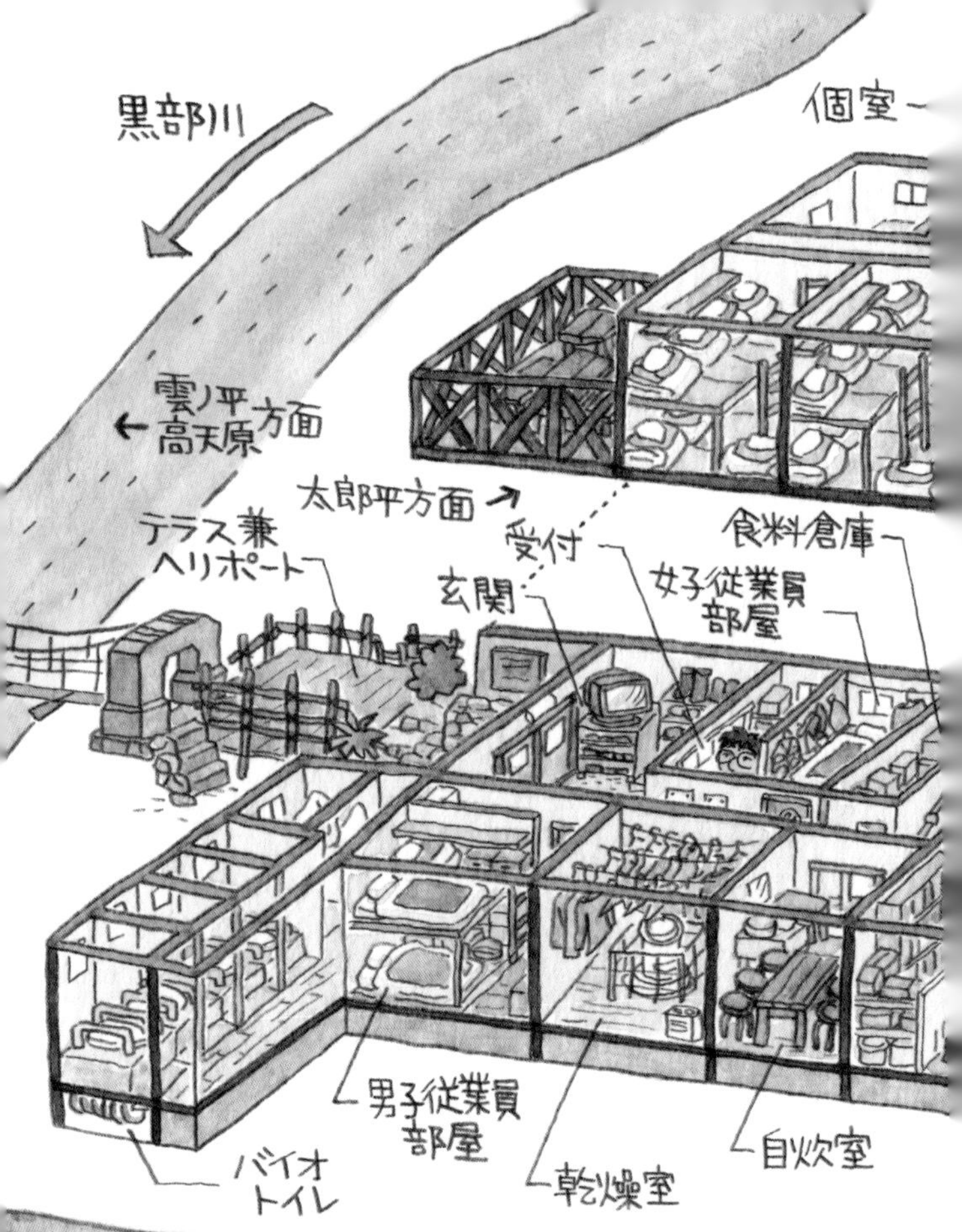
黒部川
個室
←雲ノ平 高天原 方面
太郎平方面→
テラス兼ヘリポート
受付
食料倉庫
玄関
女子従業員部屋
男子従業員部屋
バイオトイレ
乾燥室
自炊室

薬師沢小屋見取り図

女子従業員部屋。上下段で区切って使っているので、天井が低い

あると便利な山小屋私物
ひとりの時間を
楽しむためのアイテム
重いけど
読みたい
本とか
kindle版とか
堕落論
坂口安吾
好きな
音楽とか
私の場合,
お絵描き
セット
Sketch Book
山の服は高価だからね
小屋につなぎの作業服もあるよ
外作業をするときによごれて
もいいような服。新品の
山服と使い分けるとよい。
ソーラーLEDランタン
消灯後に
少し起きて
いたいときに
滑りにくいサンダル。
小屋にスリッパもあるが,
自分のものがあるとよい。

目次

はじめに

子どものころから漠然と、どこか遠いところに行ってみたいと思っていた。ちょっとその辺、ではないどこか。宇宙とか砂漠とかアフリカの大草原、大海原。そんなところにはきっと、自分の価値観をひっくり返すような風景が広がっているにちがいない。二十歳になり美大に進むころになってもその思いは変わらず、絵を描きながら世界中を旅するのだ、なんて考えていた。

大学のサークル活動で選んだのはワンダーフォーゲル部。理由は高校生のとき、はじめて北アルプスの山に登ったことが大きい。上高地から徳沢を経て、長塀尾根の長い登りに息を切らし、蝶ヶ岳の山頂へ。いまでは見慣れてしまった河童橋《かっぱ》からの風景も、山頂から眺めた穂高連峰の雄姿も、はじめて見たときには、日本にこんな風景があるのかと、歓声をあげたものだ。そして、いつかあの稜線を歩こうと心に決めた。

美大時代は、とにかく山に登ることが楽しかった。自分の絵の才能のなさにも、うんざりしていたのかもしれない。アトリエにいつもフラリとやって来る教授に、「絵を描くよりも山に登っているほうが楽しいのです」といったら、「あなた、それでいいんですよ！」と教授は大きくうなずいた。なるほどそうか、深いことをいうな、と都合よく理解した。

　卒業してからも就職するつもりはなく、絵を描きながら世界中を旅したい、なんてことを大真面目に考えていた。美術造形のアルバイトをしながら、山登りを続けた。もともと渓流釣りの好きだった私は、今度は沢登りに夢中になった。源流に棲む大イワナの魚影を求め、渓谷を歩いた。稜線の縦走とは違う、山で生活するようなスタイルが面白かった。沢は生き物の匂いと生命力がプンプンしていた。当然、世界中を旅するはずのお金は一向に貯まらず、私は何かいい方法はないものかと、常々思案していた。

　趣味と仕事を明確に分けられない

ネパールヒマラヤ
そう思った
本物に勝てるわけがない
スケッチを始めたらものすごい人だかりができた東アフリカへ
描きにくい…
アマゾンで発情した野生のバクに襲われた
ムリ ムリ ムリ
パタゴニアで絵を描いていたら寒さで筆が凍りついた
あらら
キーン
絵を描きながら世界を旅していた。日々は不安と好奇心の連続だった

性格の私が、やがてひねり出した答えは、山小屋で働くことだった。山小屋に入っている間はお金を使わないから、きっとお金が貯まるはず。そのお金で世界旅行に行こう。行きたい山小屋は決まっていた。北アルプスの奥地、黒部川と薬師沢の出合にポツンと建つ小屋、薬師沢小屋。学生のころ、縦走で通過したことがあるのだ。小屋前の吊り橋から眺めた黒部源流の風景と、心くすぐる沢音は、私の心を鷲づかみにした。

やがて希望がかない、私は薬師沢小屋ではじめての夏を過ごすことになった。当時の小屋番さんは釣りの名手だったので、テンカラ釣りのコツや、毛鉤のことなどいろいろと教わった。それからというもの、夏になると薬師沢小屋で働き、お金が貯まると海外に出掛けるようになった。

ふと気づけば、薬師沢小屋で働くようになって、十二回目の夏が過ぎた。どこか遠いところに行きたいという気持ちは、変わらないようにも、変わってきたようにも思える。行きたい場所が世界のどこかから、自分の内側にまで増えた。まだ開いたことのない扉を開いてみたい、手の届かないものに触れてみたいという気持ち。私は時々、「あなた、それでいいんですよ!」と大きくうなずいた教授の言葉を思い出す。

第一章

黒部源流のこと

黒部源流と薬師沢小屋

黒部源流とはいったいどんなところなのか。

私が働いている薬師沢小屋は、黒部川の源流域にある。黒部川というのは富山県、北アルプスの最奥に端を発し、深く険しい黒部渓谷を抜けて、富山湾に注ぐ一級河川だ。途中、黒四ダムの呼び名で知られる黒部ダムがある。観光放水で有名なところだ。

そのダムよりもっともっと上流、標高一九二〇メートル。薬師岳（二九二六メートル）から流れ出す薬師沢と、黒部川が合流する場所、そんなところに薬師沢小屋は建っている。小屋のテラスから眺めると、右に黒部川、左に薬師沢、それが正面で混ざり合い、黒部川の本流として流れ下っていく。山小屋としては特異な、川辺という環境にある。

周囲は亜高山帯らしい針葉樹林とダケカンバの森に囲まれ、ツキノワグマ、カモシカ、ノウサギ、オコジョなどの野生動物が生息している。源流の流れに目を移せば、花崗岩の白い岩質に、踊るように跳ねるエメラルドグリーンの流れが美しい。小屋前に架かる吊り橋から下を覗《のぞ》けば、悠々と泳ぐイワナの姿を眺めることもできる。

さてこの黒部川だが、いまから四十万年前は本流の流れがまったく違っていた。上流部がいまよりも東の、東沢谷にあった。そして現在、小屋の前を流れているところの黒部川はというと、雲ノ平《くものたいら》の真下からスゴ乗越《のっこし》あたりを経て、立山の西側に流れ出ていた。二本は別々の河川だったのである。

それが四十万〜二十万年前、スゴ乗越の西方にあった火山の噴火により、流れ出たマグマがスゴ乗越あたりの流れを堰《せ》き止めてしまった。堰き止められたことで、そこには巨大なダム湖ができ、砂利が堆積していった。その堆積した砂利が、いまの雲ノ平の基盤。北アルプスの真ん中で、ここが突如として平らな理由は、ダム湖の底だったことにある。

やがてその巨大ダムは、東沢谷の支流で決壊する。そのとき、そこに向かってあまりにもたくさんの大水が一気になだれ込んだので、もともとの上流だった東沢谷は支流になり、黒部川の上流はいまの流れに変わった。沢登りの上級者コースとして有名な「上ノ廊下」と呼ばれる上流部が、何度も屈曲していたり、上ノ黒ビンガや下ノ黒ビンガといった三〇〇メートル級の岩壁が屹立《きつりつ》するのも、このときの大決壊が原因となっている。

薬師沢小屋周辺の山域には、同じ経営の山小屋として、太郎平小屋、高天原《たかまがはら》山荘、スゴ乗越小屋が、薬師岳をぐるっと取り囲むようにして点在している。

太郎平小屋の収容人数は百五十人。この小屋の規模が四つの小屋のなかでは一番大きく、各小屋への司令塔となっている。ヘリコプターによる物資輸送や、遭難救助の際の連携も、ここからの無線指示に従う。登山口のある折立方面、薬師岳方面、上ノ岳（北ノ俣岳）方面、そして薬師沢小屋方面と、登山道の交差する、人通り多くにぎやかなところだ。

小屋は太郎兵衛平、という尾根上の開けた場所にあり、薬師岳や奥黒部の山々の眺望が素晴らしい。標高二三三〇メートル。天気のよい夜に外に出れば、三六〇度の星降る夜空のドームに包まれ、言葉を失う。朝は放射冷却によって発生した雲海が、富山平野側に大海原を形づくり、薬師岳東南稜から昇る朝日に映し出される。

この太郎兵衛平という地名には、こんな由来がある。

江戸時代、富山県南部に長棟《ながと》鉛山《なまりやま》という鉱山があった。そこの山師で、屋号が太郎兵衛という人がいたのだが、その太郎兵衛の二代目がこの場所に目をつけた。彼はここに金や銀の鉱脈があると目星をつけ、いまの太郎平小屋よりも上ノ岳（北ノ俣岳）寄りの黒部側あたりを試掘して回った。

結局、何も出てこなかったらしい。いまではもう試掘の痕跡すらないが、太郎兵衛の掘ったその場所には、「太郎兵衛平」という名前が残った。古くは薬師沢左俣で金の鉱脈を発見したという記録もあるから、もしかしたら意外と近くに金が眠っているのかもしれない。

薬師沢小屋からさらに五時間ほど奥に進むと、高天原山荘に着く。標高二一三〇メートル。峠を越え、小谷を渡り、森を抜けると、不意にポカンと空が開ける。そこには湿原が広がり、天女が笛でも奏でているような、ゆったりとした空気が横たわっている。私もはじめて来たときには、天津神《あまつかみ》の住む高天原とはこんなところかもしれないなあ、なんて思ったものだ。

昔、黒部にいた山賊の話でも、「本当の高天原はここだったのだが、あまり奥で不便なので、高千穂の峰へ飛び返した」という、神話の高天原と関連づける逸話があるが、残念ながらここの「高天原」という地名は昭和に入ってからのもので、それ以前は「岩苔平」と記していたから、実際のところ、神話との関係性はないといっていい。高天は高地という意味で、そこに原っぱが広がっていたから高天原になった。

高天原山荘はもともと、鉱山作業員の宿舎だった。大東興業によって昭和四年から二十年まで、この周辺ではモリブデンが採掘されていた。しかし、このような奥地のため、人力による運搬に費用がかかった。やがて採算が合わなくなり、手放すことになったのを、先代の経営者が買い取り、山小屋として営業を始めた。高天原周辺には人知れず、いまも鉱山跡がひっそりと残っている。

そして高天原といえば、日本最奥地にあるともいわれる温泉が有名だ。小屋から十五分ほど歩くと、川原に男女混浴と、三つの露天風呂がつくられている。源泉は少し上流にあり、毎年場所は変わるのだが、そこからお湯をホースで引いている。川のせせらぎを聞きながら入る温泉は最高だが、大雨が降ると増水して入れなくなるのは残念だ。

お湯は白濁していて、硫黄臭が強い。使ったあとのタオルを不用意にほかの洗濯物と一緒に洗うと、ほかの衣類まで硫黄の香りになるので注意が必要だ。

周辺にはたまに河童《かっぱ》が出るらしく、夜中に温泉に入りに行った高天原の小屋番さんが見たといっていた。小さな河童の影が逃げていき、とても人間には思えない感じだったよ、と笑っていた。

スゴ乗越小屋は、太郎平小屋から薬師岳を越えた先にある。標高二二七〇メートル。富山平野と黒部川を望む稜線上にある、木立に囲まれた、こぢんまりとした山小屋らしい山小屋だ。クマの気配の多いところでもある。薬師岳から五色ヶ原、立山方面への縦走路上で、歩く人もそれほど多くはなく、静かな山歩きが楽しめる。アップダウンが多くて嫌になる、なんていう人もいるが、私はピークを何度も踏めるのがうれしくて、好きなルートのひとつだ。

さてこの「スゴ」という地名はどこから来たかというと、このアップダウンのスゴさではなく、どちらかというと、クマの気配の多いほうのスゴさに由来する。つまりはこうだ。

立山に芦峅寺《あしくらじ》という地域がある。農業、炭焼き、狩猟をして生計を立ててきた、山の民の暮らす土地だ。昔から立山詣でをする登山者に、登拝の案内をしたり、神仏の心を伝えたりする役目も担っていた。

芦峅の猟師のクマ猟は「指し穴猟」といって、冬眠しているクマを穴から追い出して撃つものが主体だ。しかし春になると、奥山では「オイアゲ」というクマの巻き狩り猟が主流になる。巻き狩り猟とは、クマを追い上げる勢子《せこ》と射手《いて》による猟で、大勢の人が山に入る。

そして猟がひと段落すると、皆はいったんどこかで落ち合うことになる。この落ち合う場所を決めるとき、現在のスゴの頭が、地形的にも気象のうえでも見通しがよく、目安にするのに都合がよかった。猟師仲間はそこを目安に集まり、猟隊全員の人数や、獲れた獲物の数を数えた。この数合わせのことを土地の言葉で「数合《すごう》」と呼ぶ。

この数合が、読み音の「スゴウ」、または「スゴ」となり地名になった。スゴ乗越、スゴの頭、スゴ谷、皆この数合わせの読み音から来た。

同じように、スゴ谷から稜線を越えた黒部側の猟場であったヌクイ谷も、越中弁の温かい、「ぬくい」の読み音から来ている。

話を薬師沢小屋に戻そう。そんな環境のなかで私は夏の間、何の仕事をしているかというと、おもに山小屋の維持管理。小屋を利用する登山客の対応をしている。小屋開けのころを除けば、一日の大半を掃除と調理に費やす。ひたすら布団をたたみ、床を拭き、大量の料理を作り、皿を洗う。忙しくて外に出る暇のない日もある。

それの何が楽しいのかというと、日々に物語があるところ。毎日、いろんなことが起こり、いろんなお客さんが来て、季節が少しずつ変わっていくところ。それは山小屋でなくても起こっていることなのだけれど、それを感じることができるところ。旅に出るのではなく、旅がこちらにやって来てくれるような感じ、というのが近い。

私にとっての黒部源流、薬師沢小屋とはそんな場所だ。

山小屋創成期

四つの山小屋を簡単に紹介したが、これらの小屋がいつころに建てられたのか、もう少し書き留めておきたい。

一番初めに建てられたのは、太郎平小屋だった。この小屋には前身となる小屋があり、そこには壮大な登山プロジェクトの物語があった。

大正のころ、伊藤孝一という大金持ちがいた。日本山岳会に所属していた彼は、厳冬期の薬師岳初登頂から、黒部源流域探索、槍ヶ岳への初縦走を計画した。まだ日本の積雪期登山は黎明期で、穂高連峰も登られていないような時代だった。

彼は登山とその様子を映像に収めるため、周到な準備を始めた。たったひと冬の登山のために、私費二十万円を投じ、三つの山小屋を建設したのだ。いまのお金に換算すると約二億七千万円、やっていることが半端ない。このときに建てられた上ノ岳小屋というのが、太郎平小屋の前身となり、黒部五郎小舎もこのときのものが前身になっている。

彼は莫大な資財をこの登山に注ぎ込んだ。周辺の村々を巻き込み、大量の物資と人夫を投入した。大正十三年（一九二四）十一月～翌年の四月にかけて、遠征は行われた。快適な環境を整えたとはいっても、冬の北アルプスのただ中では、人夫たちも大変なことだったろう。

結果、登山と山岳映像の撮影は成功を収めた。近代登山における先駆的な出来事だった。山行を撮影したフィルムは宮内省に献上され、『日本アルプス雪中登山』という活動写真が各地で上映された。

ところが、資金をもってなんとかする、という姿勢が、当時の登山界からは嫌われてしまったらしい。日本登山史ではあまり大きく取り上げられなかった。伊藤孝一の名と功績が、映像とともに日の目を見ることができたのは、平成の世になってからのことだった。

そんな成り行きで、その登山のために建てられた三つの山小屋は、翌年からは営林署の管轄となり、登山者に利用されるようになった。そのうち上ノ岳小屋は、立山の芦峅寺集落が管理を請け負い、昭和に入ってから、もともとあった上ノ岳山頂付近から、太郎兵衛平に移築された。その後、昭和三十年（一九五五）になって、立山登山口で土産物店を営み、ガイド詰所を兼ねていた、五十嶋《いそじま》商事の手に渡る。しかし、そのころには小屋も倒壊状態で、残っていた屋根も吹き飛ばされている、といった有様だった。そんななかで太郎平小屋の建設は始まった。

このころはヘリコプターによる搬送はまだなく、荷上げのすべてが人力によるものだった。荷物を運ぶ歩荷《ぼっか》は、一人当たり百キログラムの荷物を、山の上まで担ぎ上げた。聞いただけで腰が砕けそうな重量だ。現在使われている折立の登山口もまだないころだったので、物資は車で行ける最後の集落から、およそ三日かけて山の上まで運ばれた。

こうして小屋は八月の初めに完成。この年の宿泊者数は五十~六十人。いまでは一シーズンで八千~九千人の登山者が利用するから、当時の山はずいぶん静かなことだったろう。

食事の米は、登山者が自分の分を持ってくるシステムになっていた。メニューはカレーライスと玉子丼、それの繰り返しだった。ワナでウサギが獲れると、カレーはウサギカレーになり、お客が増えれば、その分だけカレーは薄まった。

やがてダム工事の車道が折立まで通るようになり、折立からの登山道も整備された。太郎平小屋は現在の位置に、ひと回り大きく建て直された。営林署管理の避難小屋だったスゴ乗越小屋も、五十嶋商事で管理を始め、昭和三十五年(一九六〇)にこれを建て直した。

このころ、太郎平小屋に少し変わった人物がやって来た。立山から縦走してきた五十代くらいの男性なのだが、彼は自分を「薬師の神様」だといい、さらに「こうして手をこすると雲が晴れるのです」といって、お金はいらないから、と小屋に居候《いそうろう》を決め込んだ。

彼は女性の登山客が来ると、マッサージのサービスなどをしていたが、秋になってスゴ乗越小屋で三十代くらいの女性と知り合い、恋に落ちた。やがてその「薬師の神様」は、その女性とどこかに駆け落ちして消えてしまった。その後の神様の消息は、知る由もない。

その後も登山者は増え続け、昭和三十八年(一九六三)には、薬師沢小屋が建設される。愛知大学山岳部の学生十三名が、冬の薬師岳で大量遭難死した年だ。

大東興業所有の高天原山荘は、昭和四十三年(一九六八)に五十嶋商事が管理を任され、昭和四十六年(一九七一)に正式な営業許可を取得する。

第二章

薬師沢小屋開け

入山

六月に入り、帰宅して玄関の扉を開けると、むしむしとした生ぬるい空気が部屋中に充満している。たいていこんな晩に出る。彼らは平べったい体とその身体能力で、人を驚かすのが好きなのだろうか。私は悲鳴をあげる。この季節初めのゴキブリが出ると、私はそろそろ山小屋に入る季節だったと、本格的に気がつく。荷造りを始めなくては。大嫌いなゴキブリのいない黒部源流へと旅立つのだ。

子どものころから比較的用意のいい私は、毎年、山小屋を下りる際に、私物の在庫表を作っている。三カ月半、買い物のできない生活を送るので、忘れ物はしたくない。普段より動くから、靴下などは予想以上に穴が開く。だからそういったものは多めに用意する。男性従業員で、作業中に下着のパンツが立て続けに破れ、はいているものを合わせて二枚しかなくなってしまった人もいる。

ちなみにその従業員というのは、薬師沢小屋の小屋番だ。小屋番とは、その小屋の主任者で、現小屋番は赤塚智樹さんという、薬師沢小屋番歴十年目のベテランだ。私との山小屋暮らしは九年になる。二人とも仲はよいのだが、山を下りると一切連絡を取り合わなくなる。皆驚くが、意外とこれが長続きの秘訣かもしれない。

入山日の早朝、富山駅に着いた高速バスを降り、富山地方鉄道で立山駅へと向かう。昔ながらの木造駅舎の残るローカル線だ。タタンターン、タタンターン、と刻む列車のリズムに、昭和の懐かしさを覚える。電車はやがて市街地を抜け、田園風景に入る。六月末の富山は、ちょうど田植えを終えた植田と、これから始まる代田の入り混じる季節だ。車窓からぼんやり外を眺めていると、電車の音に驚いたキジが二羽、線路脇から飛び出してきた。

東京での暮らしと、山小屋での暮らしは、まるで違う時間のなかにいる。例えば旅から戻り、ずいぶん経ってからまた旅に出ても、そこからまた前回の旅の続きが始まるように、時間は同時平行に流れていて、私はその空間のなかを移動する。この電車はちょうど、山小屋の時間に乗るための電車だ。山小屋仕様の私へと、気持ちの必要な部分が切り替わっていく。

立山駅から集合場所へと集まり、懐かしい顔と初めましての顔に挨拶をする。さて、今年はどんな人が薬師沢小屋に来てくれるのかな。皆が集まったところで、マスターからの紹介がある。マスターとは、この四つの山小屋の経営者、五十嶋商事の社長、五十嶋博文氏。前述した山小屋創成期からこの界隈を見守ってきた山の人で、いまもハイシーズンは太郎平小屋に上がる。なかなか仕事をうまく回せなかったころの私からいまに至るまで、心配こそすれ文句ひとついわず、いつもありがとう、と声をかけてくれる。それはお客さんに対する姿勢にもつながっていて、マスターのファンは多い。

入山日は太郎平小屋まで行けばよい。今回山に入るのは中期メンバーで、長期メンバーは一カ月前に入山していて、太郎平小屋はすでに営業中だ。マスターのいない間、ここの大将は若旦那の河野一樹さん。山とは関係のない生活から、マスターの娘さんと結婚して山小屋に入った。真面目で心優しく、体が大きく力持ち。腕相撲と相撲では負けた話を聞いたことがない。ここに来るアルバイトで、一樹さんと相撲をして池《ち》塘《とう》に放り込まれた人間は少なくない。

こうして皆で集結するのは、この入山の一日だけ。翌日には皆それぞれ、各小屋に散らばっていく。薬師沢の小屋開けメンバーは三名。小屋番と私とその年の男性アルバイトだ。

中途半端に残雪の残る登山道は、下が空洞になっていたりして、時々、踏み抜いてバランスを崩す。背中に入れた貴重な食材の卵が心配だ。それでも二時間もしないうちに薬師沢小屋の少し手前にある、カベッケが原というクマザサの原っぱに着く。

ここから小さなやせ尾根を下れば、懐かしの我が家だ。尾根に足を一歩踏み出すと、右から黒部川本流の流れるザアーッという大きな音が、左からもすぐに薬師沢の音が

ある年の
小屋開け
食料を入れた
一斗缶が
すべてテンに
食われて
しまった
ガーン
なんじゃこの
ゴミの山は……
しかも
臭いし
ワカメは嫌い
だったみたい
床中にふやけて
散らばっていた
一斗缶の中に
テンのフンが
ひとつだけ
チーン
中に入って
食べたのね
簡易マスクも
やられていて、
空気中に舞い上がる
し尿の粉末に閉口した
ウヘッ
これが本当の
閉口…

騒ぎ出し、今年もまた黒部源流のど真ん中に帰ってきたのだなと胸が躍る。

小屋開けの一番の心配事は、まずは無事に小屋が建っているかで、次に動物の被害。動物が入って食料を荒らしていないか。前年に残った米や乾物などの食料は、最初の物資輸送ヘリコプターが飛ぶまでの大切な食料なのだ。たいていはネズミやテンに少々やられているが、少々じゃなくて、ひと冬過ごしたのかというくらいに荒らされていると、げんなりする。まあ仕方がない。

昔、動物ではなく人間にやられたこともあるらしい。山開き用のイワナを釣りに行ったら、小屋の食料を食べて暮らしている人がいて、従業員が捕まえた。山から下ろして警察に引き渡したのだが、なんでも途中でどこかへ逃げ出してしまったとか。

それにしても、動物に荒らされたあとの凄まじいカビや糞尿、食べ物の片づけには閉口する。東京でキャーキャーいいながら、ゴキブリにスプレーをかけているほうが楽だったかもしれない。

水事情

　天気がよいのは登山者にとっては喜ばしいことだが、あまりに好天が続くと、山は渇水に見舞われる。森林限界を超える稜線の小屋では、下の沢からポンプアップするところもあるが、天水に頼る部分もあり、水はよりいっそう貴重になる。一般的にこのような山小屋では、宿泊客以外の登山者には、水を販売している。一リットル当たり二百～三百円くらいが相場だ。

　その点、薬師沢小屋の水源は対岸からの沢水で、枯れることがない。雲ノ平からの標高差約五〇〇メートルを、何年もかけてろ過され湧き出る水なので、本当においしい。もちろん登山者にも無料で汲んでもらっている。小屋ではキンキンに冷えたこのミネラルウォーターを飲用し、皿洗いも掃除もする。小屋入りして数日経つと、体中の水分がこの水に入れ替わり、なんだか健康になったような気になる。

　小屋開けではまず真っ先にこの水を引く。対岸の滝上が水源なので、ここに取水口を設置する。水ホースを滝横の壁に這わせ、吊り橋を渡し、小屋まで持ってくる。足元がヌメッているので、注意が必要だ。この滝上と小屋との高低差による水圧で、小屋中に水が行き渡る。ホースはメインとサブの二本を引いている。「出ますよー」の小屋番の掛け声のあと、連結部にホースがつながれ、ゴボゴボッという工ア音がすると、一気に水が吹き出す。ザアーッ、という音が厨房の中に響き渡り、小屋が息を吹き返す。小屋の中にも水が流れ始めたことがうれしくて、私は思わず歓声をあげる。

薬師沢小屋の水は、こうして比較的簡単に引いてこれるが、スゴ乗越小屋などは水源が遠く、小屋から一三〇〇メートルも離れた場所にあるので、なかなか大変だ。小屋開けのころは残雪も多く、埋まったホースを掘り返しながら、斜面にホースをつないでいく。状況によっては、一週間近く水が出ないときもある。もちろんその間は天水に頼っているので、従業員はお風呂にも入れない。

太郎平小屋の水引きも、小屋開けが六月初旬と早いので、雪の多い年は大変だ。水源に達するまで五メートル以上雪を掘ることもある。竪穴をいくつか掘って、そこに横穴のトンネルを通し、水ホースを引く。それだけに水が出たときの喜びはひとしおだ。恒例のようになってしまったが、太郎平小屋の一樹さんは、このホースから出た最初の冷水を、頭にジャブジャブかけて喜びを表現している。

さて水が豊富で水に困ることのないこの薬師沢小屋でも、大雨が降り、川が増水を始めると、状況は一変する。水が濁るのだ。濁りが入ってきたかな、なんてボヤッとしていると、一気に茶色くなってしまう。そうなる前に水を汲み置きする。今夜は降るぞ、なんていうときは、寝る前に汲み置きしておく。

雨がさらにひどくなると、水が止まってしまうこともしばしば。取水しているバケツを覆っている網に、葉っぱや小枝などのゴミが詰まったり、水流が強くなりすぎて、ホースに空気が入ってしまうのだ。増水を続ける川をぼんやり眺めていたら、外れてしまったのか、取水用の樽が滝上からポーンと放り出され、本流に飲み込まれていったこともある。こうなるともうダメだ。

薬師沢小屋は水には困らないが、水に悩まされる小屋でもある。

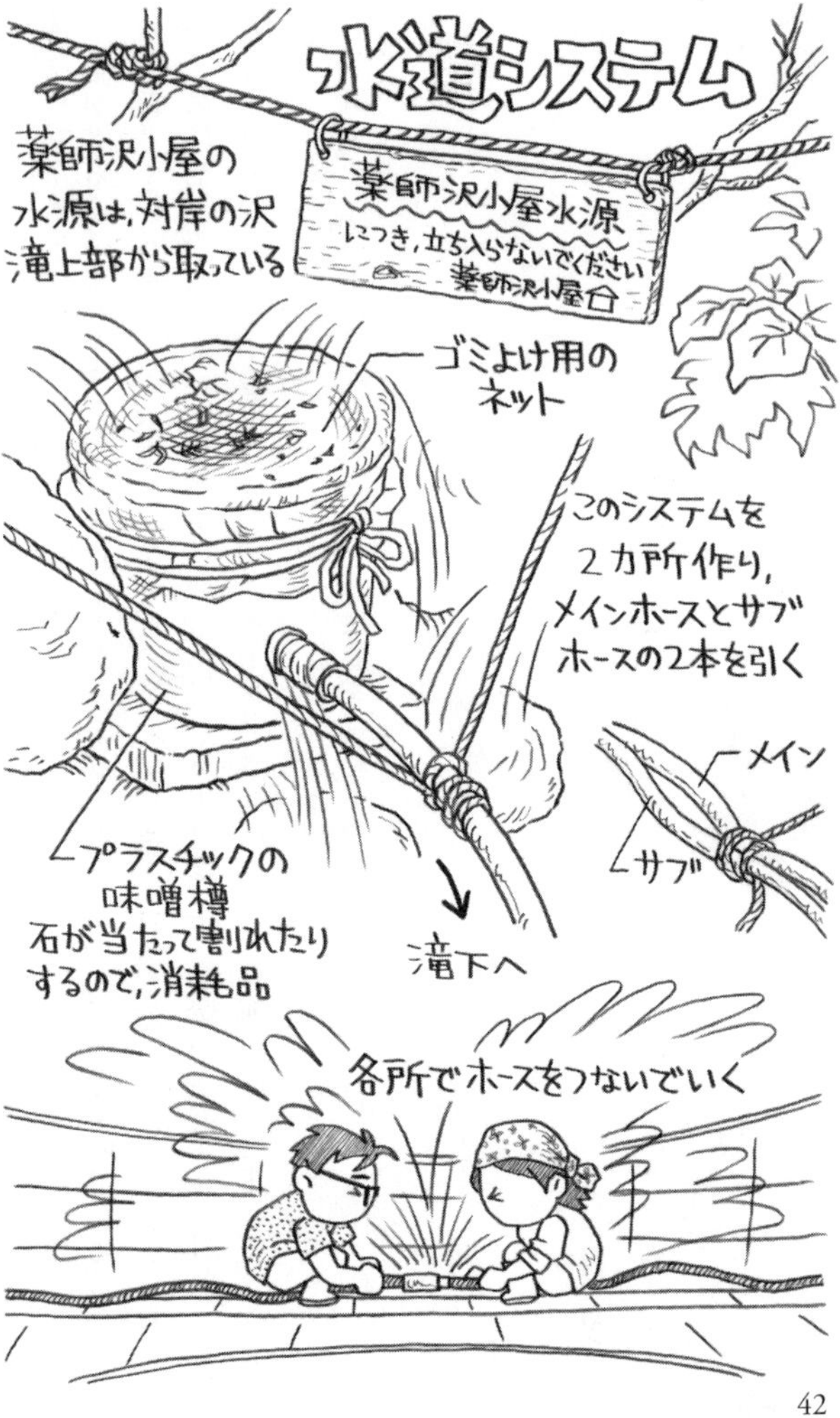
水道システム
薬師沢小屋の水源は、対岸の沢滝上部から取っている
薬師沢小屋水源
につき、立ち入らないでください
薬師沢小屋
ゴミよけ用のネット
このシステムを2カ所作り、メインホースとサブホースの2本を引く
メイン
サブ
プラスチックの味噌樽
石が当たって割れたりするので、消耗品
滝下へ
各所でホースをつないでいく

水源地
立ち木に
ホースを固定
していく
小屋へ
たまにホースにエアーが
入って,水が止まってしまう
空気
砂が詰まる
ので,水道は
出しっぱなしに
してください
メイン
サブ
水槽
トイレ
手洗い
(小屋内水経路)
自炊室
屋根上
太陽熱温水器
厨房
風呂
洗たく機

電気と電波

山には電気がない。だから登山者は、暗くなっても歩けるよう、ヘッドライトを持って歩いている。薬師沢小屋では、朝と夜の暗い時間帯だけ発電機を回し、小屋に明かりをつけている。そして、その間にバッテリーを充電しておき、発電機の回っていない時間帯は、充電した電気を利用している。昔は消灯前になると、小屋内にランプを灯して回ったが、いまは常夜灯のＬＥＤライトがあるので消灯後でも明るい。

昔は、といってもここ十年くらいの間の話だ。以前は朝食の準備をするときも、蛍の光のような常夜灯と、ヘッドライトで配膳をしていた。とくに見づらかったのが、おかずのひじきで、ひじきの入った小鍋の中が真っ黒に見えた。暗くてなんだかよくわからない。スプーンに一杯ずつ盛って皿に配っていくが、発電機が回り始めて明るくなると、皿のあちこちにひじきが散っていることに気づく。

おまけにここは谷底なので、昼間でも小屋の中が暗い。明るい外から入ってきたお客さんは、その暗さに玄関でしばらく固まる。さらに受付用紙の文字が小さいので、年配の方は老眼も相まって、どんなに目を細めても、用紙を遠ざけてみても、何が書いてあるのかよくわからない。それが近年、このＬＥＤライトにより改善された。画期的なことだ。

薬師沢小屋はこうして明るくなっていったが、高天原《たかまがはら》山荘はいまでもランプの小屋だ。それはそれで趣があってよい。高天原の小屋番さんは、取材に来たテレビ局に、「発電機の音で目覚めるより、鳥の声で目覚めたほうが素敵だと思いませんか」という名言を残した。

山小屋から下りて東京に戻ってくると、電車に揺れる疲れた顔や、夜の街に輝く光の明るさに、ぼんやり思う。世の中、山小屋みたいに消灯を二十一時にすれば、みんなちゃんと寝れるのにと。そんなことといまさらできないのはわかっている。それでも夜はみんなでご飯を食べ、きちんと眠れる生活は、いいものだと思う。

薬師沢小屋には電波がない。いまどき稜線の小屋では、電波の通るところも多く、どこの通信業者ならアンテナが何本立つだの、どこそこの場所なら電波が取れる、などの話を聞くが、この小屋にそういったものはない。谷底に建っているから、電波が届かない。連絡方法は、業務用と遭難対策用の、二本の無線に頼ることになる。

業務用無線では、太郎平小屋グループ四つの山小屋で、業務のやり取りをする。毎日、朝夕の二回、定時交信が行われる。定時交信では、電波のある太郎平小屋から、天気予報、宿泊者数、登山客の移動状況、各小屋への予約、その他の連絡事項が送られる。こちらからも同様に送る。

この定時交信によって、各小屋がどのくらい忙しくて、登山客がどのように移動していて、今日は何人くらいの宿泊者があるかを予想する。山小屋には予約なしの宿泊者も少なからずやって来るので、小屋に入っている予約数そのままはあてにならない。食事の仕込みも、その予想に合わせて準備する。山にどれだけ人がいるか、天候はどうか、季節にも左右される。たいていはほぼ予想通りなのだが、外れることもある。

作ったものが余ってしまうのはまあいい。しかし足りなくなるのは痛い。夕食の準備も佳境のころに、予約なしでポツリポツリと人が増えるのが、最悪なパターン。小屋番が厨房に顔を出しては、「食事二つ追加で」などというたびに、心臓がキュッとなる。あといったい何人来るのか。盛りつけるおかずの量を調整する。最悪、予約なしで遅すぎる到着の人には、夕食を提供することができなくなるので、ご理解いただきたい。いや、話が逸《そ》れた。

遭難対策用無線のほうはどうかというと、名前の通り、遭難が起こった際に連携して連絡を取り合うためのものである。山小屋、警察や消防など、遭難救助に関わるすべての機関が傍受している。管轄は県ごとに分かれてはいるが、稜線は県境になっているところも多いので、臨機応変に対応している。

遭難事故が発生し、救助要請でヘリが飛ぶときなどは、各小屋から送られてくる天候が、フライトの判断基準になる。山の地形は複雑なので、ここでは空が開けていても、すぐそこの稜線にはガスがかかっていたりする。谷筋も同じで、ガスのあるところとないところがある。救助の際は、その合間を縫うように、ヘリが飛ぶ。だから遭対無線が騒ぎ出すと、いつでも無線に応答できるよう、小屋内の空気が張り詰める。

電波がないことによって、ネットやメール、電話の呼び出し音からは解放される。スマホは音楽を聴いて、写真を撮って、目覚ましをかけるだけの道具になる。それもこの山小屋という閉鎖空間では、たいして不便を感じない。生活そのものが不便さのなかにあるから、それが当たり前になるだけだ。

それでも月に一度くらいは、電波のある太郎平小屋まで出掛ける。太郎平は山の都会だ。Ｗｉ－Ｆｉもつながるし、生ビールも売っている。みんなに挨拶したあと、メールのチェックなどするが、知り合いは皆、私が夏の間、圏外エリアの山奥にいるのを知っているので、広告メールくらいしか入っていない。

電波がない代わりに、普段は書かない手紙を書いたりする。山小屋でスケッチした絵などを、そのまま絵ハガキにする。書いた手紙は、常連の人たちが山に来たときにお願いして、下界のポストに投函してもらう。返事は月一度のヘリ荷（物資輸送ヘリコプターで荷上げするもの）に入っていたり、下から上がってくる小屋の知り合いが預かってきたりする。

そういえば以前、従業員宛てに、お別れの手紙を持ってきた人がいた。付き合っていた彼女からのお別れの手紙で、その従業員は「あいつ、不幸の手紙を運んできた」と悲しそうな顔をしていた。電波のない薬師沢小屋では、いまどきのＬＩＮＥ一本で別れ話、は本当に通じない。

クマの被害

小屋開けで動物被害の話をしたが、薬師沢小屋もクマの被害を受けたことがある。私が経験したのは一度だけだが、クマの被害というのは、山小屋にとって大きな問題だ。

その年の小屋開け、玄関先はいつもと変わらぬ様子だったのだが、小屋をぐるっと一周した小屋番が、少し興奮した様子で戻ってきた。「勝手口から入られました。厨房がクマにやられています」「ええー、クマ？　まだいるの？」。私の返事に少し呆《あき》れ顔で、「もういないです」と小屋番。まいったな、といった顔をして眉をしかめ、ため息をつく。

クマに小屋を荒らされるというのは、私にとってはじめての経験だったので、多少の胸の高鳴りを抑えられないまま、厨房に足を踏み入れた。わあ、ひどい。やれやれ、またひとつ小屋開け作業が増えてしまった。そして興奮冷めやらぬまま、私は厨房の残骸から、今回のクマの行動をさまざまに想像するのだった。

まず勝手口の脇に残る爪痕《つめあと》から、ドアの端に爪をかけて開けようとしたことが見て取れる。しかしなかなか開かないドアにしびれを切らし、体当たりして破り、侵入した。

さて、まずは厨房の大きな作業台が邪魔だ。これはググッと押すと簡単に動くから、問題ない。そして何やら食べ物の匂いのするゴミ箱をひっくり返してみる。しかし中にはカップラーメンの殻と、食べるに値しないものが入っているだけ。何か食べる物はないのかと、さらに奥のストッカーの前まで行き、立ち上がった。

クマのお腹《なか》と背中がくっつきそうなあの狭いスペースで、おそらくクマがストッカーの蓋を手前から持ち上げる、という姿勢は取りにくかったのだろう。奥から手前に向かって蓋を開けようとしたが、ヒンジが付いている側なので開かない。

なんとかならないかとブスブスとストッカーに爪を立ててみるが、どうにもならない。

　やがて業を煮やしたクマは、ストッカーを倒しにかかる。ところがこれが誤算、ストッカーは蓋を壁側に向けて倒れてしまった。転がり出たのは、なぜか一番上に入っていた梅干しのケース。甘酸っぱい香りに思わずかぶりついたが、あまりの酸っぱさに口をすぼめて放り出した。それでも諦めきれず、ストッカーと蓋との狭い隙間に手を突っ込んでみたが、ちょうどそこにあったのは、小麦粉の袋。ブスッと爪を立てた途端、バフッと白い粉が吹き出て、クマはびっくりしてゴホゴホと咳き込んだ。

冬の間にクマに荒らされた高天原山荘の小屋内。ありとあらゆる食料が食い荒らされた

　思ったように食料を手に入れることができず、腹を立てたクマはストッカーから離れ、厨房のガス台の上に登り、窓ガラスをガチャンと割る。それから下に降りて、薄っぺらい壁をパンチで破った。そして不愉快な唸《うな》り声をあげながら、外に出ていってしまった。

　厨房の中は湿気によるカビがひどく、それから小動物が散らばった梅干しの種を好んで食べたようで、厨房のあちらこちらからその梅干しの種が出てきた。二階の部屋からも、翌年になっても、どこからか梅干しの種が出てくるたびに、小動物たちのその様子を想像してはおかしくなり、笑いがこみ上げた。

厨房の割られた窓と壊れた勝手口のドアは、やがてヘリ荷で新しいものが上がってきて、小屋番が取り付けてくれた。勝手口は雪の重みで小屋が曲がっているせいもあって、なかなか収まらず、最後にはしびれを切らした小屋番が、クマばりに力まかせに取り付けたため、残念ながら立て付けの悪いドアになってしまった。

薬師沢小屋以外では、最近だと高天原山荘が何度かクマの被害に遭っている。こちらはずいぶんとクマが長居したみたいで、糞尿の量が半端なく、食料のほとんどがやられた。缶詰も爪で上手に開け、ビールや焼酎もしこたま飲み、いい気分になったのだろう。酔っ払って暴れたような痕があった。

あまりの惨状に皆、言葉を失った。それでもクマに説教を垂れるわけにもいかないし、いまごろすっかり栄養補給をして、ご満悦だろう。これから来る季節に心躍らせ、元気に暮らせ。

まんが山小屋昔ばなし
クマの被害
クマの被害は昔から山小屋の悩みのタネだ
ゴソゴソ
テント場で食料を荒らしたり
クマに盗られたザックの山
ときには小屋の中にまで入ってきて
食料を食べていく
あ〜〜
やられた
太郎平小屋では
酒を飲むと腰を抜かすらしい
ドク
ドク
迎え討つのだ
柳葉包丁→
ガラガラ
ハッ!!

あら？
素通り〜♪
台所行こう
ワナ
酒
なんだか おいしそう
ネコイラズを塗ったパン↓
パクッ
いただきます
モグ
モグ
ヒ〜
それ以来、クマは来なくなった
大丈夫かな？
スゴ乗越小屋の場合
…。
来たか、プーさん
ガラ
ガラ

スッ
フンフン
バコーン!
あらら?
全然平気
ノッソ
ノッソ
クマはカレーが好き
カレーだ
カレーだ
消火器で
よしっ
くらえ!!
ブシャー!!
ピンクのクマができた
カレーうめー
ゲプー
ゲプー
また明日

ああっ
ないっっ
お客さんに朝渡す弁当を食べられたり
きれいに食べた15人分の弁当のカラ
紅しょうがは嫌いらしい
そしてとうとう猟師がやって来た
プーさんと呼ばれたクマは射殺
90kgほどもある老いたクマだった
居ついてしまったクマはみんな
射殺されてしまった
クロベエ
ゲンさん
ゴミ処理の徹底によりクマの被害は減っていった
黒部の山は動物たちの棲み家なので
人の都合で殺すときは申し訳ないなと思う
プーさんここに眠る
ゲンさんの墓
まあ人間も動物だから仕方ないけど

クマは鼻がよくて、嗅覚は犬の三十倍、人の二千倍ともいわれている。風向きによっては、三十キロメートルも離れた場所で匂いを嗅ぎ分けるというから大したものだ。そして一度食べた食料のことはよく覚えていて、ちゃんと同じ場所に戻ってくる。逆に、梅干しと小麦粉でひどい思いをした薬師沢のクマは、あの一度きりだった。

クマの立場に立ってみたら、理不尽な話だとは思う。せっかくおいしい食べ物を見つけたのに、痛めつけられたり、殺されたりしてしまうのだから。本来は私たちがクマの暮らす土地に入り込んでいるのだから、そんなことをするのは筋違いというものだ。とにかく野生の動物には、人間の食べ物の味を覚えさせないことが一番。とはいうものの、私たちは同じ土地に生きている。実際にはなかなか難しい。彼らもこちらが思うようには動いてくれない。

たしかにクマも人間も同じ生き物。シカだってイノシシだって、テンやネズミ、みんな同じ生き物、それはわかる。でも同じ生き物だからと、ひとくくりに平等に扱うことは難しい。人間の生活との境界線で、どのように接すればよいのか、考える。

しかし何をいっても、所詮は人間のおこがましさなのだ。私たちはできる限りの予防策を取る努力はするけれど、被害に目をつぶるわけにはいかない。生優しいことはいっていられない。

従業員十人十色

山小屋にはいったいどんな人が働きに来るのだろう。

きっと変わった人が多いのだろうな、なんて思っていたが、一緒に働いてみたら、まあそれほどでもなかった。たしかに独自の考えを持っている人が多いように思えるが、それは都会にあっても同じようなものだろう。人それぞれだから、ひとくくりにはできないが、基本は自然のなかにいるのが好きな人が多い。

最近の傾向としては、昔ながらの山屋風ではなく、牧歌的雰囲気をまとった、ノマド風な人が増えたように思う。山を下りたら何しよう、来年はどうしよう、といった感じだ。はたから見ていると、その時々を、明るく楽しく生きているように見えるが、しなやかでもあるし、強さも感じる。

これは世代的なものなのか、みんないい子だし、たいした問題も起こさない。以前はもっと、山で生きるんだ、というような意志を持っている人が多かったように思う。だから話だけとれば、昔の人たちの話は面白いし、そんな時代がちょっと羨ましくも思える。

そして昔はもっとおおらかだったのだろう。小屋の入り口に「夕方戻ります」と貼り紙をして小屋を空けたり、春山の薬師岳山頂から大滑降レースをしたりしたという。昭和のころの話だ。お酒もよく飲み、それにまつわる失敗談なんかもいろいろと聞いた。

飲みすぎて、定時交信に出るのをしょっちゅう忘れた某小屋番さん。寝込んで翌朝、お客さんに「朝食を作ってください」と起こされた。酔っ払って食堂の窓から外に落っこちたりもしたけれど、山では誰よりも強く、心優しく、従業員やお客さんから好かれた。

ビール歩荷《ぼっか》の話も傑作だ。そのときは高天原山荘でビールが足りなくなり、薬師沢小屋からビールを歩荷することになった。せっかくだから登山道ではなく、沢沿いに行こうという話になり、従業員三人で黒部川本流を下った。立石という高天原との分岐の出合まで行き、天気もいいことだし、ちょっと休憩しようとビールを開けたが最後。そのまま宴会が始まり、三ケースあったビールは、いつの間にか二ケースになった。当然、高天原山荘で大目玉を食らう。

探検家の角幡唯介さんも学生のころ、太郎平小屋でアルバイトをしていたそうだ。なんでも早稲田大学探検部に所属していたときに、冬の薬師岳に来て、物凄く天候が悪く、太郎平小屋に避難した。そのとき、雪に埋もれた小屋の入り口がわからずに、やむをえず、二階の窓を破って中に入った。

春になり、従業員が小屋開けに来ると、二階の窓が破れ、冬の間吹き込んだ雪で、畳も布団もびっしょりになっていた。湿気もひどく、天井も張り替えねばならないような有様だった。誰の仕業かといっていたところに、自分がやってしまったので、働いてお返しします、と角幡さんが名乗り出た。

いまになっても律儀に、新しい本を出すと送ってくれるんだ、とマスターは笑う。角幡さんの人柄がうかがえるエピソードだ。

それはそうと、とにかくこの山小屋という場所においては、下界以上にコミュニケーション能力が必要になる。人と関わるのが苦手だから山に行く、というわけにはいかない。山であるより先に、ここは山小屋という閉鎖空間なのだ。それに関しては、私もいろいろと苦労したし、鍛えられたと思う。

なにせ赤の他人と朝から晩まで一緒なのだ。自分のスペースといえば、寝床くらい。薬師沢小屋においては、一畳と三分の一、天井高百五十センチ以下。上下段の相部屋である。小さな船の中で共同生活しているようなものだ。仲がよくなればよいが、悪くなったら目も当てられない。

太郎平小屋みたいに従業員の多い大きな小屋なら、まだ逃げようもあるが、三人程度の小さな小屋だと、逃げ場もない。おまけに電波もないときたら、外界にも通じることもできない。さて、どうすればいいのか。太郎平小屋、人事担当の一樹さんの元には、時折、通称「密書」と呼ばれる手紙が届くことがある。その手紙はおもに、内容を知らない常連客によって秘密裏に運ばれることが多い。

詳しい内容はわからないが、過去にあった密書には、小屋での不満や人事異動の希望が、綿々と書かれていたという。シーズン中、突然の人事異動があったときなど、事情を知らない各小屋では、さまざまなこの黒い想像を膨らませてしまうのである。

とはいうものの、まあたいていは平和に仲よくやっている。長いことこういう生活をしていると、ある種の寛容さを身につける。人それぞれなんだなあ、と感心したり、まあいいか、と諦めたり。逆に自分のなかの譲れない部分も見えてくる。

結局のところ、家族だろうが他人だろうが、一緒に暮らすのであれば、仲がよいに越したことはない。仕事の効率だって上がるし、精神衛生的にもよろしい。それにはやはりささやかな日々の積み重ねが大切だ。

自分のことよりも相手のことをまず考える気持ち。それを当たり前だと慣れてしまわない、ありがとう、という感謝の気持ち。人の悪口をいわないこと。朝の「おはよう」の挨拶。みんなでおいしいね、と一緒にご飯を食べる幸せ。

たったひと夏の疑似家族ではあるが、私にとっては大切な仲間との一期一会の日々である。次々と起こる事態を乗り越え、ともに笑って過ごすのだ。いろいろと苦労もあるが、楽しくないわけがない。自身、こうして毎年通ってしまうところを見ると、やっぱりこの薬師沢小屋が好きで、仲間との暮らしが好きみたいなのだ。

コンロのつけ方
カチッ
んー
カチッ
カチッ
学生バイト
シュー
カチッ
カチッ
つかないなー
ガス?臭い?
シュー
ボンッ!!
カチッ
火をつけてからツマミをひねる
はい
カチッ

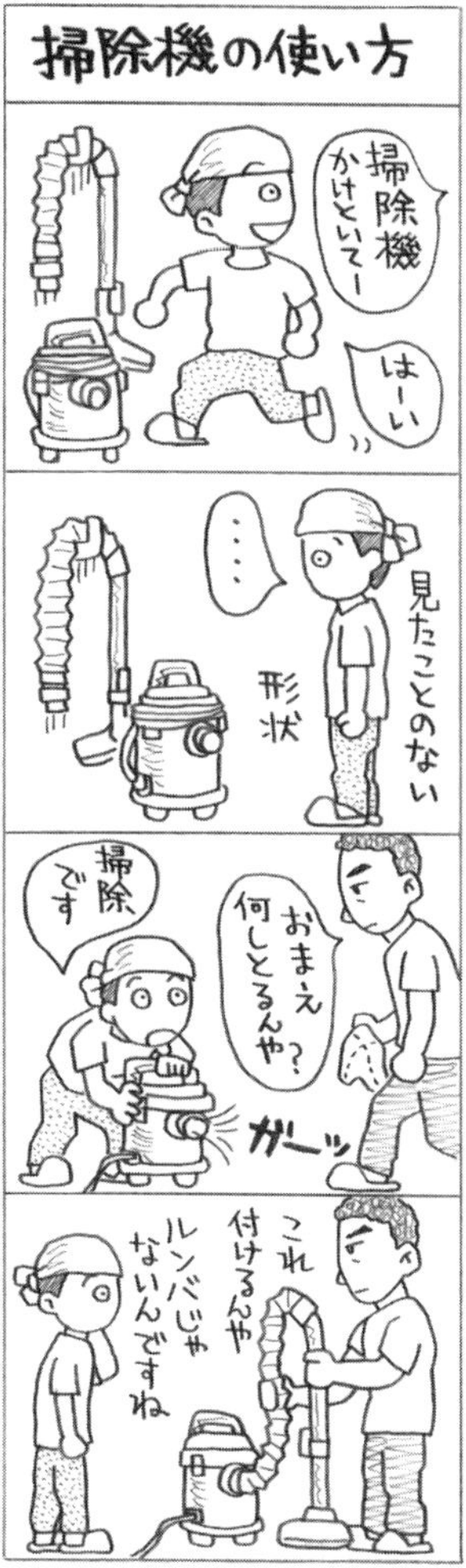
掃除機の使い方
掃除機かけといてー
はーい
・・・・
見たことのない形状
掃除です
おまえ何しとるんや?
ガーッ
これ付けるんや
ルンバじゃないんですね

国立公園と山小屋

薬師沢小屋前のテラスには、指定地外キャンプ禁止の看板が立ててある。薬師沢小屋にはキャンプ場がないので、指定地まで行ってキャンプをするか、小屋に泊まってください、という内容である。国立公園には地種区分というものがあって、特別保護地区、第一種特別地域、第二種特別地域、第三種特別地域、普通地域に分かれている。薬師沢小屋周辺では大ざっぱにいうと、標高二〇〇〇メートル付近より上は特別保護地区になっていて、厳しい行為規制がある。しかし、小屋周辺は第一種特別地域というくくりで、具体的なキャンプ禁止の法的規制は見つからない。ただ、自然というのはこうした行政の線引きで区分けされているわけではないので、国立公園利用上のルールとして、指定地外のキャンプは禁止になっている。

というのも、とくにこの薬師沢小屋周辺は沢に囲まれているので、指定地外でキャンプをするパーティーが少なくない。気持ちはわからないでもないが、こちらも立場上、気づいた場合はやむをえず注意する。正直、お互いあまり気持ちのいいものではない。ネット上に散見される山行報告や画像も、B沢より上流や薬師沢沿いでのキャンプは小屋の利用が可能なので、好ましいものではないことを理解してほしい。

遅い午後に到着して小屋でビールを買い込み、沢支度をして「これから稜線まで抜ける」というパーティーは、結局のところ、小屋のすぐ上流でキャンプをしている。「夕飯だけ食べれますか、ビバークするので」というパーティーもいたが、これは誤った認識である。一度は雨のなか、小屋前の川原にテントを張り、小屋にビールを買いに来たパーティーがいた。小屋番が「何をしているんですか」と尋ねると、「ビバークです」との答え。「はあ。雨も降って危ないのでやめてください」「キャンプは禁止だけど、ビバークだから」。ビバーク、即ち、緊急避難的野営の意味を取り違えている。これが何も知らない初心者ではなく、どこかの山岳会だったから、こちらも首をかしげてしまった。テントを撤収してもらったそのあと、川原は増水で水に洗われていた。

やれルールだマナーだと、ゴチャゴチャうるさいことをいってしまったが、そもそも国立公園とは何なのだろう。そういわれてみると、たしかに、国の管理している公園、くらいの漠然としたことしか思いつかない。定義を見ると「傑出した自然の風景地であって、環境大臣が、関係都道府県及び中央環境審議会の意見を聴き、区域を定めて指定したもの」であり、自然公園法に基づいて国が指定した自然公園、となっている。ついでに自然公園法の目的も抜粋しておこう。「この法律は、優れた自然の風景地を保護するとともに、その利用の増進を図り、もって国民の保健、休養及び教化に資することを目的とする」とある。両者を嚙み砕いていえば、「自然と風景が素晴らしいので、保護して利用しましょう。区域を決めたので、国民のレジャーとして活用しましょう」といったところか。自然公園法は必ずしも自然環境を守るためだけの法律ではなく、観光開発による経済効果をも目的としている。

さらに前述した地種区分により、国立公園のもつ自然の恩恵は、ダム工事や伐採にも利用される。つまりひと言で国立公園といっても、自然環境保全は環境省、国有林野事業は林野庁、ダムや砂防などの建設行政は国土交通省、ダム周辺は電力会社、公共事業の請負は地方自治体と、国立公園には異なる目的をもつ各機関が、異なる法律の下に複雑に関わり合っている。ではそういったなかで、山小屋はどういう立ち位置にあるのだろう。

薬師沢小屋は、国立公園の国有林内にある民間経営の山小屋である。国に地代を払って土地を借り、営業をするという形だ。細かいことをいえば、国立公園の管理は環境省だが、国有林の所有者は林野庁なので、環境省の許可を得て、地代は林野庁に支払うということになる。地代といっても、毎年の総売上に対して算出されるので、税金のようなものだ。

そして民間の山小屋といえども、公共的な役割も多分に担っている。山小屋のインフラは小屋の経営のために必要なことだが、宿泊者以外にも、休憩、給水、トイレの利用、といった公共的機能を提供する。登山道整備に関しても、公共事業として登山道の整備が入ったあとの維持管理は、基本的に山小屋が行う。このように国立公園といえど、公と民間の線引きは曖昧だ。それぞれの山小屋によって違いはあるが、おおむねそんなところだろう。

さて、登山者にとっての国立公園、山小屋とはどのようなものなのだろう。私の知り合いには、「あの素晴らしい中部山岳国立公園に、山小屋と登山道さえなければ、冒険的登山要素が山のように転がっているのに」という人もいるが、たいていは「登山道が整備されていて、山小屋ではご飯が食べられて暖かく過ごせる」くらいに思っているかなと想像する。

思うに、国立公園も山小屋も、山小屋の人間や登山者、行政はもとより山に関わるさまざまな人々が、それぞれの時代に応じて形づくってきたものである。それらすべては、その都度その都度、模索し行動してきた結果なのだと思う。物事を変えていくのは一人ひとりの気持ち、世論である。ゆえに私もそれをつないでいく一人として、この国立公園という自然環境をどのように維持し、時代のなかで何をすべきかを、改めて考える必要性を感じる。

物輸ヘリ一回目

小屋開けして五日くらい経つと、まず一回目の物資輸送ヘリコプターが飛来する。この物輸ヘリが来るまでに、小屋の前にヘリポートを組み立てなければならない。盆踊りの櫓《やぐら》みたいな、四メートルくらいの高さのものだ。

どういうことかというと、小屋前の土地が一段下がっているので、そこに土台を組み立て、完成するとちょうど上面が、小屋と吊り橋をつなぐ水平テラスになる、というわけだ。そこがヘリポートになり、ヘリがホバリングして、吊っている荷物を下ろす。

猫の額ほどの広さといっていい。荷物はどこに下ろしているのですか、なんて聞くお客さんも、このテラスの上だというと、少し驚くようだ。

薬師沢小屋では、シーズンを通して物輸ヘリが三回飛ぶ。小屋開けのころと、八月の頭と終わりの三回だ。たいていこの一回目に、今シーズン分のあらかたの燃料、飲料、雑貨、米、食料を調達し、それプラス、次のヘリまでの冷凍食品や生鮮食品が加わる。つまりこの一回目の物輸量が一番多くなる。

荷物はパレットに積んでまとめられたものが、綱でできた「もっこ」という網に入れられて運ばれてくる。ヘリの大きさにもよるが、スーパーピューマという機体なら、一度に二もっこで約一・六トン。それが四便飛んでくる。

小屋開けのころの従業員は三人しかいないので、ヘリが荷物を下ろしたら、すぐにそれをバラし、大急ぎで小屋内に運び込む。なにせ狭いテラスだ。次の便が飛んでくる前に、とにかくヘリポートスペースを空けておかなければならない。

こんなこともあった。その年は中期アルバイトの入山が都合で遅れていて、この一回目のヘリ日に間に合わなかった。赤塚小屋番と私は、まあ、なんとかなるのではないか、と空を眺めて、ヘリの物輸が始まるのをぼんやり待っていた。

やがてフライト開始。小屋番も私も普段の一・五倍のスピードで運びまくる。ヘリは登山口のある折立で荷造りをして飛んでくるのだが、その折立の慌ただしさも、山の上の比ではない。一度だけ体験したことがあるが、さまざまな問屋や業者が入り乱れ、各小屋それぞれへの荷をバタバタと造っているのである。そのうちどれがどれだかよくわからなくなってくる。

時々、あっちの小屋のものがこっち、こっちの小屋のものがあっち、なんてことになってしまうことがあるが、仕方のないことだ。とにかくできた荷物から順に飛ばしていく。ヘリなんて五分も経たずに、折立から各小屋まで飛んでいってしまう。

そのときもヘリは、プロパンガスやら飲料やら、薬師沢小屋に下ろして折立に帰り、そしてまさかの立て続けで戻ってきた。無線に呼ばれて応答すると、「次、また薬師沢小屋に行きます」といわれ、慌てた。テラスの上はまだてんこ盛りである。「小屋番、また来るって！」と叫ぶと、小屋番は慌てて無線に駆けつけ、太郎平小屋を呼んだ。「まだ片づいていないので待ってください！」

とはいうものの、どうにもなるわけがない。太郎平の一樹さんも感情のこもらない声で、「いま、太郎の上を飛んでいったので、どうにかしてください」との返答。小屋番もため息交じりに、そうだよね、と苦笑

大変、もう次のヘリが来ちゃった！　まだ荷物が片づいていないよ

した。

飛んでしまったものは仕方がない。とにかく二人でテラスの上に転がるプロパンガスを端に寄せ、ありったけの力で荷物を運び続けた。ヘリの爆音が近づいてくる。来たあ。

荷物はなんとかテラスの上に、さらに二もっこ乗っかり、とりあえずなんとかなった。そう、ここは山小屋だ。なんとかならないことでも、なんとかしなければならないのが常なのだ。

いまでは当たり前に行われているこのヘリ輸送だが、山小屋ではじめて空輸による物資輸送を試みたのは、『黒部の山賊』の著者、故伊藤正一さんだった。最初は小型セスナ機による超低空からの物資投下、昭和二十九年の話である。ヘリ輸送はというと、それからさらに十年後の話になる。

ネズミとの攻防

一回目の物輸ヘリが来ると、小屋の食料事情は一気に豊かになる。それまでは、入山時に担いで来た食料が少しと、小屋に残っている乾物や缶詰くらいのものであった。来たばかりの新鮮な野菜はうれしい。卵かけご飯が食べられるのも、この一週間だ。お客さん用に大切に取り置いていた肉も、もう食べていい。

だが喜ぶのは人間だけではない。匂いを嗅ぎつけた動物たちも、勇んでやって来る。とくに厄介なのはネズミだ。都市部にいるようなドブネズミではなく、おもにアカネズミといった野ネズミの類だ。目がクリッとしていて可愛らしい。とはいっても、ネズミである。食料を荒らすし、自然界のどんな病気を持っているかわからない。厨房長たる私は、大切な食材を守るため、心を鬼にしてこのネズミたちと戦う。

ここの厨房を始めたころは、まだネズミのこともよくわからず、とりあえずネズミの出そうなところにネズミ捕りを仕掛けていた。そのころはピッタンコという、とりもちが全面に塗られた、二つ折り形状のものを使っていた。これを開いて真ん中に餌《えさ》を置き、厨房や食料倉庫の床に仕掛ける。段ボールの陰や暗いところ、そんなところに仕掛けた。

まずかかったのは、人間のほうだった。大きなネズミは、「やまとさん、いつ仕掛けたんですか？」と悲しい顔をして報告に来る。そのうち自分で仕掛けたことも忘れて、踏んづけたりする。そのたびに、スリッパの片方がダメになった。

これが画期的に改善されたのは、「ねずみくんのお家」と呼んでいるネズミ捕りが主流になってからだ。ゴキブリホイホイの大きくなったものを想像してもらえればいい。外箱に屋根や窓まで描き込まれていて、謳《うた》い文句が「おもしろいほどよくとれる！」とある。立体になり鮮やかな緑色の屋根の視認性もよく、これで踏む人間はいなくなった。

それからこれは当初からの悩みだったのだが、まれにネズミに混じって、ヤマネがかかってしまうことがあった。別にネズミと命を比べるわけではないが、一応、国の天然記念物だし、鈍臭いところもあり可愛いから、困っていた。かかってすぐに気づけば外してやるが、ベタベタのヨレヨレになってしまい、とても生き残れそうにない。それにまずたいていは、気づいたときにはお亡くなりになっていた。

それであるとき私は、もうネズミ捕りを仕掛けるのをやめようと思った。ネズミを捕るのではなく、食料を堅牢に守ろうと。当然、ネズミは爆発的に増えた。いわゆる

ねずみ算式というやつである。ネズミを恐れるヤマネは、いつの間にか姿を見せなくなった。

被害は次第に増えていった。こちらも食料はすべてタッパーや一斗缶にしまい込み、食料の入った段ボールの隙間をふさぎ、応戦した。厨房には日中でも床を走るネズミの姿が見られるようになった。

やがて被害は食料以外のものにも出始めた。タッパーを齧《かじ》る、ゴム製品を齧る、段ボールを齧って穴を開け、中の食料を齧る。そして開封していない漬物を何袋もダメにされたとき、とうとう私の堪忍袋の緒は、ブチッと音を立てて切れた。

それから私は、狂ったようにネズミ捕りを仕掛け始めた。今回増えたことで、ヤマネの通らないネズミの通り道を見つけた。そこに仕掛けた。丸々と太ったネズミが、毎日かかった。数が増えすぎて飢えているネズミは、「ねずみくんのお家」の中央に置いた餌を取ろうと、こっち側とあっち側から入り、とりもちに貼り付いたまま餌を食べ、そのまま片方が片方の頭を食べた。お家からはみ出た体も、ほかの誰かが食べた。

生きるというのは恐ろしいことだ。私たちもこのネズミのように、日々、誰かの体を食らって生きているのだ。肉だって野菜だって穀物だって、皆生けしものたちだ。

数日経つと、かかるネズミの大きさが小さくなっていった。数もようやく落ち着いたようで、ヤマネが時折、顔を見せるようになった。

私は自分の愚かさと人間のおこがましさについて、考えざるをえなかった。

ありゃ〜
只今
子育て中!!
チュー
チュー
チュー
見ていたら、
一匹ずつくわえて
どこかに運んで
いった
トイレットペーパーの
入った段ボールで
子育てしていた
お母さんネズミ
「ショーシャンクの
カボチャ」
コツコツと穴を掘って
中の種を
残らず食べた
コラー!!
餌はおもに
客食のメインディッシュ
豚の角煮!!
の切れ端です
ネズミは肉が大好き
とりもち
組み立て式
「ねずみくんのお家」
部屋の様子

登山道整備と大東新道

小屋開け作業が一段落すると、次に登山道整備が始まる。男の人たちは、天気さえよければ、外作業へと出掛ける。作業内容は、草刈り、倒木切り、橋架け、泥斜面のステップ切り、鎖場の取り付け、登山道のマーキング、など多岐にわたる。ここ黒部源流は、水の豊かな土地であるが故に、水に関わる登山道整備に煩わされることが多い。

太郎平小屋から薬師沢小屋にかけては、登山道が薬師沢に平行するような形でつけられているので、太郎平側から行くと、第一徒渉点、第二徒渉点、第三徒渉点と、三度、沢を渡らなければならない。もちろん橋は架かっているのだが、大増水により、かつて幾度となくそれらの橋は流失した。

以前は丸太橋だったこれらの徒渉点も、いまはFRP製の角材を、五、六本つなぎ合わせたものを使っているので格段に歩きやすくなった。ただ材料が一本十数万円するので、たとえ橋が流されても、流れてしまったと諦めるわけにはいかない。水が引いたら皆で橋の捜索に出掛け、見つけては担いで持って帰る。

この橋がまた、二人で持っても相当な重さで、ＦＲＰのガラス繊維が首回りにチクチクと刺さり、かなりの重労働らしい。一人で担いで歩けるのは、馬鹿力のある一樹さんくらいのものだ。だから最近は、橋が遠くに流されてしまわないよう、橋にロープでバックアップを取っている。

水に煩わされるといえば、大東新道も負けていない。こちらは薬師沢小屋から黒部川本流を、川原沿いに下る登山道だ。雲ノ平から流れ落ちる支流のＡ沢を越え、次のＢ沢を少し遡る。途中から左に逸《そ》れて山道に入り、山腹をトラバースしながら、Ｃ沢、Ｄ沢、Ｅ沢を越え、高天原へ向かう。山道に入るまでは、ほぼ川原歩きなので、雨が降って増水すると、通行不能になる。

どのくらいの増水までなら大丈夫かという判断は難しく、今後の降雨予報も含めたうえでのアドバイスはするが、明らかに無理と思われるとき以外は、登山者の判断に任せている。登山道に関して、「大丈夫です」という言葉は誤解を生むので、なるたけ使わないようにしている。

さてこの大東新道、年によって川の流れが大きく変わることもあり、整備に関しても頭を悩ませられる。現在Ａ沢からＢ沢の間にある鎖場も、鎖場の下の川原を歩ける年があったり、動くとはとても思えなかったマーキングした石が、大増水で川の中央に転がり、川の真ん中に行ってしまったこともあった。

とにかく山は動くのだ。川だけにとどまらず、山は生きているから、登山道もそれに合わせて動かしてやらなければならない。

ここで少し、大東新道の歴史をひも解いてみよう。この物語は一九二五年、水力発電所建設に伴う調査のために開いた、東信歩道という一本の道から始まった。東信歩道は棒小屋沢、下ノ廊下の十字峡に流れ込む支流から薬師沢出合までを結ぶ道で、山の中腹を巻いたり、沢に下りたりしながら、黒部川右岸を進む道だった。

その後、一九六四年、高天原でモリブデンを採掘していた大東興業が、東信新道をほぼトレースする形で、東沢谷出合から高天原間の道を修復、高天原新道として復活させた。それまで大東鉱業が使っていたのは、葛《くず》温泉からブナ立尾根を登り、烏帽子小屋経由、野口五郎岳を越え、岩苔乗越から岩苔小谷沿いに、高天原へ下るルートだった。

同じころ、高天原から黒部川に直接下り、薬師沢出合まで行く道、東信歩道を修復した道が増水のたびに危険だったので、一九六〇年、別に新しい道を開いた。高天原から高天原峠に登り、山腹をトラバースしてB沢出合に出る、現在のルートだ。

この高天原からB沢出合までの道を大東新道と呼び、B沢出合から薬師沢出合までを東信歩道と呼んでいたが、現在では高天原から薬師沢出合までを、大東新道と呼んでいる。会社名が地名になったためずらしい例だ。

大東新道A沢手前の川原に転がる、鉱山トロッコのような鉄くず

高天原の奥にある、大東鉱山坑道跡。一般の人は見れない（写真提供＝高橋 司）

当初は大東新道も、モリブデンを運搬するための道としてつくられたのだが、その後、大東興業は一九六八年、五十嶋に山小屋の権利を譲渡しているから、実際には運搬道としての活躍はなかった。ちなみに高天原新道に関しても、開通して六年後の一九六九年には、集中豪雨によって廃道同然になってしまった。一九八四年に再整備があったものの、通る人も少なく、すでに廃道になっている。

現在の大東新道を、薬師沢小屋から十分ほど下ると、右岸にやや高台になった平らな場所がある。ここにもまた、かつて大山金山という会社が砂金の試掘をしていて、大きな小屋が三棟建っていた。一九二七年には、薬師沢出合にも「蓬萊橋」という名前のついた橋が架設されていて、有峰から鉱山師や作業員が入っていたという。

彼らがいうには、今後たいした金山になる予定だったらしいが、残念ながら金の採掘は失敗に終わり、一九二八年には作業を中止。蓬萊橋も翌年には流出してしまった。

いまでも大東新道A沢手前の川原には、鉱山トロッコのような形をした、錆だらけの鉄くずがひとつ転がっている。私はそれを目にするたび、黒部川の流れに、諸行無常の響きを感じずにいられないのである。

増水と鉄砲水

あれはそう、小屋開けのころ。朝から空は快晴、登山道整備にはもってこいの日和だった。男の人は大東新道の整備に行く日で、太郎平小屋から一樹さんが、朝一番で薬師沢小屋まで下ってきて、赤塚小屋番と二人で出掛けていった。

小屋には私のほか、五十嶋商事の佐々木賢二さんが、小屋の電気系統や機械関係のメンテナンスのために滞在していた。私は晴天に乗じ、小屋開けの湿った布団を屋根の上に広げていた。新緑の森が目に眩しい。足元には黒部川本流と薬師沢が、心地よい音を立てて流れている。この季節、山の上にはまだ残雪も多く、融け出す雪も加わって、川の水量は豊かだ。

昼前に一度、布団をひっくり返しに屋根に上がった。その後、細々とした小屋内作業をし、午後三時ちかく、そろそろ布団を入れようかと空を見上げたとき、あれ、と思った。いつの間にか雲が出始めている。布団が冷えてしまわないうちにと、慌てて屋根に上がった。

布団や毛布をドスンドスンとテラスに投げている間にも、雲は急速に広がっていき、冷えて湿り気を帯びた空気が下がってくる。まずいな、降るぞ。チラチラと空を気にしながら、スピードを上げる。

ポツン、来た。ポツ、ポツ、ポツポツ、パサーッ。ダメだ、間に合わない。私は大声をあげて、下で作業をしていた賢二さんを呼んだ。「すみませーん、布団下ろすの手伝ってくださーい」「降ってきたねー」と賢二さんも顔を上げ、いま行くといって首を引っ込めた。

私はいったん屋根から下りて、テラスに下ろした布団を小屋の中に引きずり込む。代わりに賢二さんが屋根の上に上がり、布団を放り投げる。ものの五分も経たないうちに、雨は土砂降りになった。いったいどうなっているんだ。

雨が降ると、屋根の上は滑り台さながらにツルツル滑る。滑って地面に落っこちたら、ただでは済まない高さだ。「ダメだ、残りは諦めよう」と賢二さんがびしょ濡れになって屋根から下りてきた。「すみません、ありがとうございます」。お礼をいったとたん、ピカッと空が光った。

ビシャーン!

バシャーン!

薬師岳方面の空が咆哮《ほうこう》を上げ始めた。外はもうバケツをひっくり返したような雨だ。ハッ、と外作業に出ている二人のことを思い出し、慌てて川を見た。なんてことだ、いつの間にか薬師沢に鉄砲水が出ている。流れ出た水の勢いは出合で黒部川本流を遮り、小屋前の吊り橋の下は、ちょうどダムのように本流の水が堰き止められ、グリーン色をした深いプールになっている。

薬師沢には真っ茶色の水があふれかえり、物凄い勢いでのたうっている。川の中の石がゴロンゴロンと転がり、ぶつかる音が不気味に鳴り、流木がもみくちゃにされながら、下流へとすっ飛んでいく。一瞬、下流の二人がもみくちゃになった図が脳裏をよぎり、慌てて取り消した。

大変だ、二人に知らせなきゃ。受付の無線機に走る。ちょうど太郎平小屋から、雷がひどいので、いったん無線を切ると、各小屋に業務無線で連絡が入った。私は遭難対策無線を取り上げ、プッシュボタンを押した。

「薬師沢小屋から薬師沢移動、取れますか」。二度呼びかけ、しばらく待ってもう一度呼びかけるが、小屋番からの応答はない。まさか。一気に不安が湧き上がり、ふと顔を上げて、愕然とした。ブラーンと目の前に子機がぶら下がっているではないか。持っていってないのか！

そうこうしているうちに、賢二さんがやって来て、やばいぜ、という。小屋裏の一メートル下まで水が上がってきているらしい。今度は脳裏にノアの箱舟の出航シーンが浮かび、慌てて小屋裏に走った。

薬師沢から鉄砲水が出て、本流の流れを堰き止める

平水時の黒部川本流。吊り橋から下流方面を眺める

わあ、恐ろしい。ゴウゴウと茶色い流れが足元に渦巻く。「あと五十センチ増えたら避難するか」「そうですね。危ないですもんね」。正直、あまりに急な展開に、危機が迫っている状況に現実味が湧かず、雨のなか逃げたら濡れるから嫌だなあ、なんてことをぼんやり考えていた。

少し時間を巻き戻して、下流で作業をしていた一樹さんと小屋番の話をしよう。大東新道の草刈りと、B沢から山道に上がる斜面のステップ切りも終わり、B沢出合の川原で休憩をしていたときのことだった。一樹さんの足元に大きなヤマビルがいた。

あとから写真を見せてもらったが、そのヒルはキバビルといって、吸血ではなくミミズを餌にするヒルなのだが、そうとは知らない一樹さんは、「こういうのが悪さするんや」といって、川の流れにそのヒルを、ポイッと投げ入れた。憐れキバビルは、黒部川の流れにクルクルと流されていった。

するとどうしたことか。いままで快晴だった空に、急に暗雲が立ち込め、ポツリポツリと雨が降り始めた。「あれ、雨や。帰るか」なんていっていたら、あっという間に土砂降りになった。これはやばいぞ。

みるみるうちに上がる川の水位を横目に、二人は走り出した。B沢出合からA沢の間は斜面が迫り、逃げ場がない。川の水はすぐに真っ茶色になり、二人の足元を洗い始めた。数メートル先に、鎖場に上がるハシゴがぶら下がっている。「あの上まで行くぞ」

一樹さんはハシゴ手前の木の枝につかまりながら、ハシゴに向かってジャンプした。勢いを増したこの濁流に持っていかれたら、助かる術《すべ》はない。なんとかハシゴにつかまり振り返ると、小屋番が草刈機を抱えて、どうしようといった顔をしている。「そんなんええから、はよ来い！」。そういわれて小屋番は、頭の上の小さな岩棚に草刈機を置き、木の枝につかまった。ハシゴが遠い。あとになって、「一樹さんは身長あるから届くけど、自分は届くかどうか」なんていっていたが、その場は覚悟を決めるしかない。決死のジャンプをして、なんとかハシゴをつかまえた。さすが中学、

キバビル
口中に三本の牙を持つ。オレンジ色～黒色。
吸血はせず、ミミズなどの
動物を食べる。
じゃっかん気持ち悪いけど
大丈夫
吸血はしないよ
頭のほうが黒っぽい

高校と陸上部で走り幅跳びをしていただけある。人生、何が役に立つかわからない。

タッチの差だった。先程まで立っていた足場は、すでに濁流に飲み込まれていた。二人はとりあえず安全地帯に這い上がったものの、そこで身動きが取れなくなった。一樹さんは雨具を着ていたが、小屋番は半袖のTシャツ一枚で震えている。「なんや、カッパ持ってきてないんけ」「いや、まさか雨降ると思わなくって」

一樹さんが自分の作業着の長袖を渡す。それから、「あのヒルは、黒部の神様やったんやな」といってワハハと笑った。

やがて雷鳴は遠ざかり、雨脚もようやくピークを越えた。小屋裏一メートルま

危機一髪でハシゴに飛び移り、高台に避難する（写真提供＝赤塚智樹）

で迫っていた水もそれ以上増えることはなく、少しずつ水位を下げていった。太郎平小屋も無線の電源を入れ、一樹さんは持っていた業務無線の子機で連絡を取った。私は二人の無事を確認し、胸をなで下ろした。

結局、二人はその場で二時間くらい待機して、水位が下がるのを待っていたが、日暮れも近づいてくるし、仕方がないので斜面を這い上がり、藪漕《やぶこ》ぎをしながら、夕方ようやく帰ってきた。

遅くなってしまったが、一樹さんはとにかく太郎に戻るといい、そのまま帰っていった。私もしばらくは小屋番と、こっちであった話や、そっちであった話などを聞いて、無事でよかったね、といっていたら、一樹さんが無線で太郎平小屋を呼んでいる。

どうしたのかと思い、耳を傾けていると、第二徒渉点の橋が流失してないといっている。思わず小屋番と顔を見合わせる。まだ水量も多いだろうに、それでも一樹さん、川を渡ったのだろう。しばらくしてまた、第一徒渉点の橋もなくなっている、と無線が入った。こちらも思わず顔をしかめ、ため息をつく。

やれやれ、今シーズンは波乱の幕開けだ。何が起こるかわからないから、山小屋の生活は面白くもあるが、何かあるとやっぱり大変だよね。

布団干しと布団事情

小屋開けのころの布団は、ズッシリと重い。冬の間の湿気を吸っているわけだから、当然だ。それを屋根の上に放り投げて、広げて干す。

毛布や軽い掛け布団くらいなら、私でも放り投げられるが、重たい敷布団になると、とても上がらない。男の人にお任せする。中途半端に投げると、屋根のトタンの端に引っかかり、ビリッと破けてしまうのだ。

屋根の上に上げた布団は、屋根中に敷き詰めていくわけだが、注意が必要だ。小屋が少し傾いているから、左右で屋根の傾斜が違う。傾斜の急なほうが川側で、高度感もあって怖い。布団を抱えて転ばないように気をつける。

以前、屋根のペンキを塗り直したとき、屋根がピカピカになったのはいいが、摩擦係数が小さくなり、屋根の上が滑りやすくなったことがある。

その年の布団干しは、川側に限っての話だが、湿った布団を置いたときは平気でも、布団が乾いてふっくらしてくると滑り始め、川原に落ちてしまうようになった。困ったなと思ったが、ひと冬越えて屋根の表面が雪で荒れたのか、翌年はまた大丈夫になった。

昭和の布団は重たい。近年、布団も少しずつ入れ替えているので、最近はそれほど重たい布団はなくなったが、以前は、敷布団だか掛け布団だかわからないくらいの、重たい掛け布団があった。通称「梅布団」と呼ばれる、赤色に大きな白梅模様の真綿布団だ。

お客さんもよくわからないのだろう。夕食の準備をしていたら、ちょっと、と呼ばれた。布団がないんだ、という。なんとなく想像はついたが、一緒に二階の部屋についていった。

そしてお客さんは自分の寝床を指差し、僕のところには敷布団が二枚で、掛け布団がないんだ、といった。ああ、やっぱり。梅布団のセットか。

混雑していて、代わりの布団はなかった。仕方がないので、「申し訳ありません、ちょっと重いのですが、こちらが掛け布団になります」と広げてみせ、ペコリと頭を下げた。えっ、とお客さんが驚いたのはわかったが、ニコリと笑って失礼させてもらった。

いまは梅布団も含めて、重たい掛け布団はもうない。同じ柄でも軽いものか、敷布団が何枚か残っているくらいである。どれもいつの時代からあるのか、ツギハギだらけだ。山では物を大切にしなくてはいけない、と諸先輩方から教わったが、お客さんもお金を払って泊まっているのだ。そろそろ残りの梅布団も引退の時が近い。

薬師沢小屋では、布団を掃除するときに、どの布団をお客さんが使ったかわかるように、布団を独特の方法でたたんでいる。まず、普通の人がたたまないようなやり方だ。

敷布団は三つ折りだが、掛け布団は縦に折って横折り。布団の輪が右側にくるように敷布団に重ねる。毛布は横に折って、さらに横に折る。最後に縦方向に折って、輪が右側にくるように掛け布団に重ねる。あまりピンとこないかと思うが、そんな感じだ。

このたたみ方をたまに気を利かせて、そっくり同じようにする人がいる。さてこうなると、いったいどれを使ったのかわからない。枕に髪の毛が付いていないか、敷布団がざらついていないか、あちこちの布団を開く羽目になる。

そんな事情なのです。どうか布団は、適当にたたんでいただけるとありがたいです。

傾く小屋

　薬師沢小屋は傾いている。なぜ傾いているかというと、これは立地上の問題で、玄関のある正面から眺めると納得がいく。小屋の左手側が尾根の斜面になっていて、右手側に薬師沢が流れている。つまり、斜面側の雪に押されて小屋が傾いていくのだ。GWに一度、小屋の様子を見に来たことがある。屋根の上には重たそうな雪が五メートルくらい載り、斜面と小屋の間には雪が詰まっていた。川側の雪はというと、あらかた融け、小屋の側面が露出していた。

　おそらく厳冬期はすっぽりと雪の中に埋まっているのだろう。春先の重たい雪が小屋を押しているのだ。それにしてもよく頑張って建っていてくれている。大きな雪の帽子をかぶった薬師沢小屋を見ていたら、思わず涙が出そうになった。

　小屋は一九八一年の豪雪によって、食堂部分が倒壊したことがある。現在は、建て直された食堂棟と、玄関先にある堅牢なバイオトイレに挟まれた形で、旧棟が建っている。だから傾きとしては、玄関のあるこの旧棟が一番顕著だ。

　小屋の人間はすっかり見慣れているから、なんとも思わないが、受付を済ませて廊下を行くお客さんは、違和感を感じるらしい。建物は傾いているけれど、床は水平に直してあるから、平衡感覚が狂うのだろう。どうも足元がふらついている。

階段も傾斜が増した。川側を背に斜面側に設置された階段は、ほんのわずかだが、年々急勾配になっていく。滑り止めや手すりを付けたが、しまいには縄ばしごでも垂らそうか、なんて冗談をいいたくなる。

食堂の箸も丸箸だったころは、食事中にカシャーンカシャーン、と箸を床に転がすお客さんが絶えなかった。掃除の時間になると、食堂の床からは必ず箸が転がり出てきた。それでまずは丸箸を角箸に替えた。

それからテーブルの足を片方、かさ上げした。傾きに慣れていた私たちは、水平のテーブルがどうしても傾いているように思えて、水平器を当ててみた。なるほど、傾いているのはどうも私たちらしい。

傾きに押されて、斜面側の窓はいくつか開かなくなった。逆に沢側の雨戸が開いて落ちた。小屋開けの畳が入らなくなり、壁のベニヤ板がたわんだ。小屋に隙間ができていく。当然、雨漏りする箇所も出てきた。

斜面側の屋根から落ちた雨は、地面ではなく、傾いた壁に落ちて伝う。受付裏の私の寝床に、雨漏りが始まった。夜中にピチョーンと顔の上に雨だれが落ちてきて、飛び起きる。布団をずり下げて、枕元にコップと雑巾を置く。嵐の晩には、二、三度起

GWのころ、雪に埋もれた薬師沢小屋(写真提供＝河野一樹)

きて雑巾を絞り、コップの水を捨てる。

一度は、枕元に白い花のような、ひょろ長いキノコが生えた。寝るときは生えていなかったのに、朝起きたら生えていたので、驚いた。キノコってひと晩でこんなに大きくなるんだ。生命の神秘だ、と思った。

その何年か続いた雨漏りも、二〇一八年の台風二一号によって、小屋の屋根が一部分飛ばされて以降、雨だれの伝う経路が変わったのか、ピタリとやんだ。他の箇所に影響がないか心配ではあるが、二〇一九年、屋根を全面的に張り替えることになったので、ひとまず安心である。

北アルプスの山小屋も、建て替え

小屋が傾かないアイデアありませんか?

土台を堅牢にし、ジャッキを仕込む

傾いたらジャッキアップして、水平をとる

あちこちから引っ張ってみようかな。
山が崩れてしまうかな

傾いても戻る、みたいな

固定するよりもフレキシブルにして
力を逃がしてやったほうがよいか…

るところが増えてきた。五十嶋商事でも高天原山荘の改修工事や、各小屋のバイオトイレ工事の施工を終えた。薬師沢小屋もあと何年後かわからないけれど、いずれは建て替えるのだろう。

家の傾きを直す工法をいくつか調べてみた。この小屋は地盤沈下しているというわけではなく、横からの雪圧だから、ジャッキアップして何かしら支えてあげれば、まだ頑張って建っていてくれるのではないかと思う。

どんなに古くても、傷んだ箇所に手を入れたり、苦労して大切にしてきた小屋だ。

小屋も私たちを守ってきてくれた。なんとか長生きしてほしい。

山も生き物だと思うが、小屋も生き物だ。ここでは形ある物すべてが、全体のバランスを保とうと生きているように見える。ある臨界点に達すると崩壊はしてしまうが、それでもなお再生を繰り返す。そんな時間のなかに住まわせてもらっているように感じる。

毎年、小屋閉めのときには、皆でそろって、小屋にありがとうございました、とお礼をいう。そして来年も無事建っていてくれることを祈る。小屋も私たちを見下ろして、また厳しい冬がやって来るのだな、なんて思っているのだろうか。

第三章

ハイシーズン到来

ハイシーズンと厨房事情

七月の第三月曜、海の日。この海の日連休から、各山小屋はハイシーズンに突入する。そう、この日から折立登山口に入るバスの運行が始まるのだ。無論、天候に左右される話だが、多いときには薬師沢小屋で、八十人から百人近い登山者が押し寄せる。それまでは多くてもひと桁のお客さんしかいなかったのに、いったいどこから湧いてくるのか、とはじめて働きに来るアルバイトは、目を白黒させる。彼らにとっては、まだ厨房作業に慣れていないこの時期が一番つらい。逆にこれを乗り切れば、あとの大変さはたいしたことないように思える。頑張りどころだ。

連休初日の午前中は、まだ登山者が誰も到着していないので、いつもの静かで平和な薬師沢小屋だ。川のせせらぎが心地よい。「本当にこれで人があふれかえるなんて思えないね」「でも来るんですよ」なんて予約帳を見ながらヘラヘラしている。

やがてお昼も過ぎたころから、ポツリポツリと人がやって来る。早く着いた人には、先に行くことをおすすめする。受付には、「本日、布団一枚に二名様のご案内になります」と書かれた案内板が下げられる。

やがて小屋番は受付に張り付けになる。トイレに立つ暇もなくなるから、一切の水分を断つ。十五時には行列ができて、厨房の私と新人アルバイトも戦闘態勢に入る。

食堂は一回に四十人でいっぱいになるので、食事は一回戦、二回戦、三回戦、と時間で区切る。まるで戦いのような言い回しだ。山登りを始めたとき、先輩に箸やスプーンなどの食事をするものを武器というのだよと教わったので、きっとその流れなのだろう。山での食事は戦争らしい。

食堂のテーブルにズラッと小鉢やプレートを並べ、盛りつけをする。温かいものは直前に盛るので、二回戦目以降のプレートは盛れるところまでにして、厨房の棚に引っ込める。

最後の三十分は、まさに戦争だ。「何か手伝うことある？」なんて常連さんがフラッと入ってこようものなら、「これ盛って！」「そっち運んで！」と、思わずお客様であることを忘れて指図してしまう。まだ流れに慣れていないこともあって、バタバタだ。なんとか時間通りお客さんを食堂に入れて、やれひと息、といいたいところだが、そうもいかない。

二回戦目の炒め物と盛りつけをして、一回戦目の片づけと二回戦目の配膳、皿洗い、と続く。これだけ人が多いと、遅着きのお客さんもいて、三回戦目に突入する。

従業員の食事が消灯一時間前にできれば上々。初めのうちは消灯後まで、明日の朝

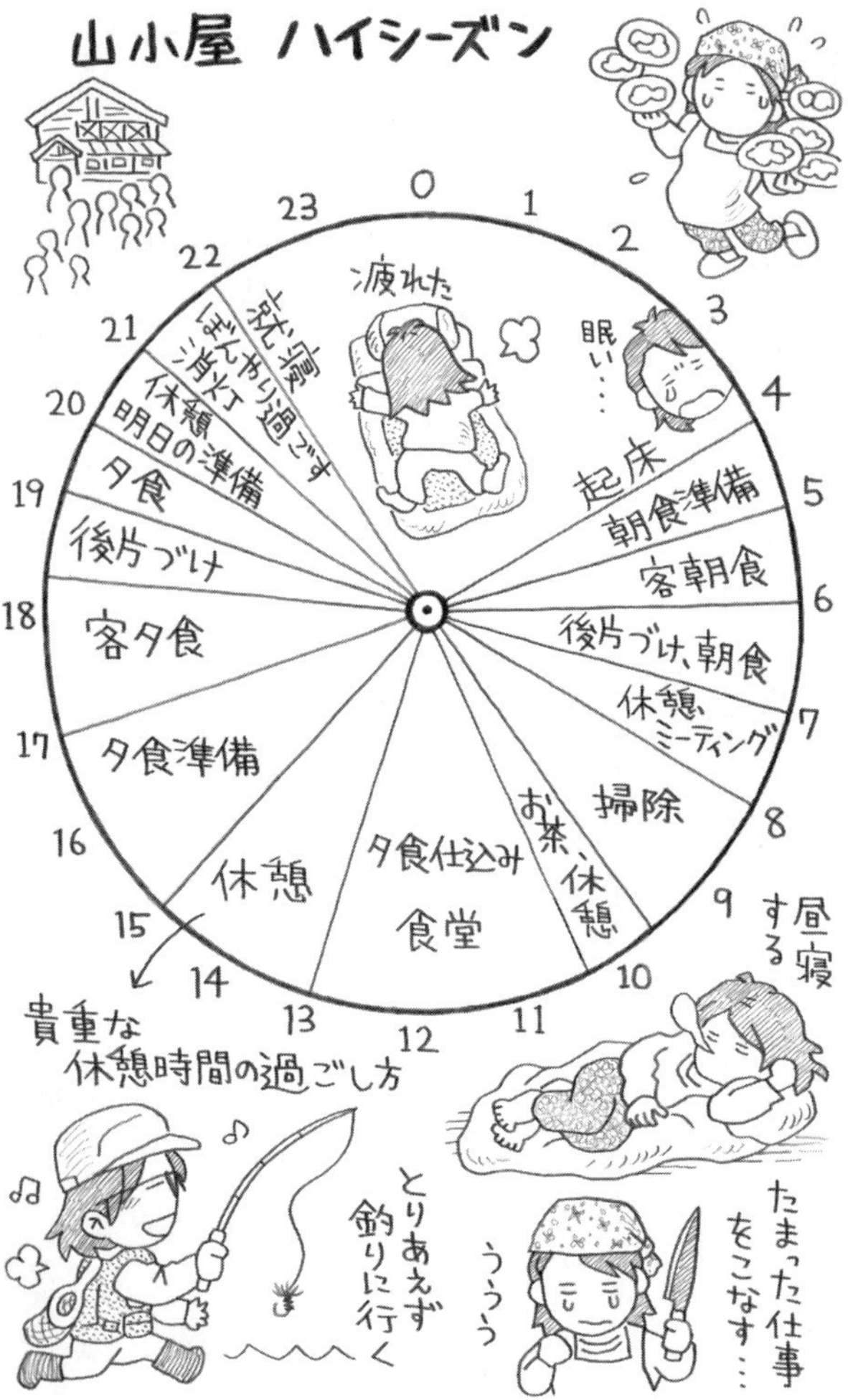
山小屋 ハイシーズン
0 1 2 3 4 5 6 7 8 9 10 11 12 13 14 15 16 17 18 19 20 21 22 23
疲れた
眠い…
起床
朝食準備
客朝食
後片づけ、朝食
休憩
ミーティング
掃除
お茶、休憩
夕食仕込み
食堂
休憩
夕食準備
客夕食
後片づけ
夕食
休憩
明日の準備
ぼんやり過ごす
消灯
就寝
昼寝する
貴重な
休憩時間の過ごし方
とりあえず釣りに行く
ううう
たまった仕事をこなす…

食の準備に手間取る。「まだ慣れていないから、明日は三時半スタートにしますか」と小屋番。黙ってうなずく私。三時半って、下界じゃ夜更かしして寝る時間で、起きる時間じゃないよね、なんてぼんやり思う。

翌朝、朝食二回戦を終え、従業員の朝食。ちょっとひと息入れたら掃除が始まる。どんなに人が来ても、小屋が大きくなるわけではないから、掃除の範囲は変わらないが、少人数だとそれなりに時間がかかる。

掃除してたたみ直す布団の数は、七十組くらい。ゴミの処理や空き缶潰しも意外と大変だ。トイレ掃除は、ちょうど太郎平と雲ノ平から下りてくる人たちに阻まれて、なかなか前に進まない。呼び鈴で呼ばれるたびに、売店に駆けつける。

そんな朝から小屋の中を走りっぱなし、なんて状況が三日間続き、連休が終わると少し客足が減り、平日は五、六十人に落ち着く。アルバイトも、四人目、五人目と送り込まれてくるので、ずいぶん楽になる。これで少し休めるかな。

このハイシーズンと呼ばれる期間は、だいたいお盆明けまで続く。ここ近年、平日休日と関係なく、山に登れる世代が増えたので、以前ほど週末に人が集中することはなくなった。とはいうものの、それでも好天気の週末は混み合う。狭い小屋の中は、芋の子を洗うような状況になり、お客さんも大変だ。

大きなザックを部屋の中に入れると、布団が敷けなくなるから、荷物は廊下に出す。

足の踏み場もない。これだけ混沌としていると、どうしても自分の持ち物をどこに置いたかわからなくなったり、取り違えてしまったりということが発生する。

自分の靴がない、雨具がないと訴える人が出てくる。そのたびに小屋番は小屋中のお客さんに聞いて回り、間違いがないか確認してもらう。たいていは本人が、やっぱりありました、なんてことが多いのだが、本当に間違えている場合もあるから大変だ。

それから忘れ物も増える。暗い時間に早出をする人は寝床に、雨が降ったあとは乾燥室に忘れ物をする。タオルや手拭い、靴下、Tシャツといったものが多い。高級品だとヘッドランプや携帯ラジオ、サングラスや眼鏡。大丈夫かと心配になるのは、車のキーや入れ歯。

小屋では忘れ物を最低一年間は保管しているので、気づいたら問い合わせしていただければと思う。着払いで送れるように手配します。

そんなお祭り騒ぎのような季節ではあるが、私はそんなに嫌いではない。たしかに忙しくて、大好きな釣りにもなかなか行けないし、体もくたくただ。それでも知り合いが顔を出したり、元従業員が遊びに来てくれたりする楽しい季節でもある。従業員も五人に増えて、疑似家族生活もにぎやかだ。

朝のトイレの長蛇の列や、鳴りやまない呼び鈴、不平不満の対応だって、ハイシーズンらしくて思わず苦笑い。それでも朝、お世話になりました、と楽しそうに出発されるお客さんの顔を見ると、やっぱりよかったなと思う。

お客さんもこの時期に来るような人たちは、きっとタフなのだろう。富士山では布団一枚で三人だったよ、なんて話をしている。混んでいようがいまいが、その状況を楽しんでいるにちがいない。

私も見習わなくてはね。

薬師沢小屋
お食事メニュー
（一例）
※食材の在庫状況により献立は変わります。
朝食
梅干
らっきょ
キャベツ
ひじき
フルーツ
煮豆
きんぴらゴボウ
玉子焼き
にしんうま煮
白米
わかめとふのみそ汁
ほうじ茶
味付のり
弁当
中華ちまき（×3コ）
竹の皮で包んである
おしぼり
紙パックのお茶
弁当2つの場合は、おにぎり（プラス×2コ）
夕食
ほうじ茶
冷たいとろろそば
スパサラ
キャベツ
枝豆
フルーツ
高菜漬け
豚の角煮
・高野豆腐
・カボチャ
・しいたけ
・昆布巻き
野菜炒め
白米
なめこと豆腐のみそ汁
煮物4種
おいしい富山のお米です!!

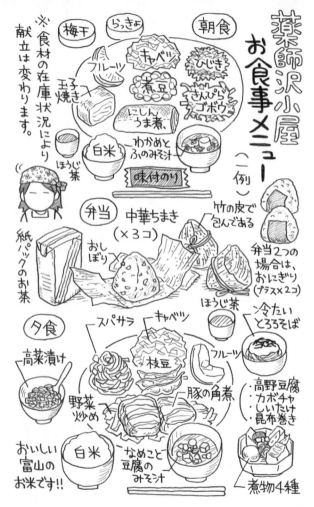

物輸ヘリ二回目

八月一週目。ハイシーズン真っただ中のこの時期に、二回目の物輸ヘリが飛ぶ。この二回目の物輸は、一回目のときのようなわけにはいかない。なにせヘリポートとなる小屋前のテラスが、休憩する登山者でいっぱいになるのだ。

まずは荷物を下ろす場所の確保のため、テラスの人払いをしなくてはならない。ヘリのダウンウォッシュが思いのほか強く危険なので、上から下りてくる人や、対岸から吊り橋を渡ってくる人も止めなければならない。

ヘリは天候により、何時にどの小屋に飛ぶかわからないから、人払いは無線で「次、薬師沢小屋行きます」の声を聞いてから始める。到着した人には、あらかじめヘリの告知をしているが、荷物を思いっきり広げて干していたり、カップラーメンにお湯を注いでいたりすることもあり、ガクッとする。大急ぎで片づけてもらい、小屋に入ってもらう。

またヘリ会社の都合、天候の都合、いろんな理由で日程が左右され、なぜだろう、予約だけで八十人、なんて日に限ってヘリが飛んだりする。しかも朝から天候待ちで、今日はもう飛ばないな、なんてたかをくくっていたら、夕方、突然飛んでしまったこともある。

こちらは夕食準備の真っ最中。「飛びますよ！」の小屋番の声に、マジですかといいたくなる。もうわやわやだ。みんなをヘリ対応に向かわせ、厨房で孤独な戦いが始まる。さあ、四倍速の速さで盛りつけしないと間に合わないぞ。

とはいうものの、とりあえずヘリが飛んでくれさえすれば、まだいい。この時期、物輪が三日遅れただけで、二百人分くらいの食料が消えていくのだ。食料を入れた冷凍庫が、日に日に空っぽになっていくのは、精神衛生上よろしくない。

これが一週間も飛ばないなんてことになると、当然、なくなる食材も出てくる。この先の予約状況とにらめっこしながら、メニューを組み立てていく。もう明日飛ばなかったら、イワナでも釣って出そうか、なんて冗談をいうころになって、ようやく飛ぶ。飛んできた当日に、カチカチに凍った豚バラ肉を叩き割って、夕食を作ったこともある。

結果、わかったのは、まあたいていのことはどうにかなるし、どうにもならないことはどうにもならない、ということだ。最近はあまり心配もせず、笑っていられるようになった。

ヘリが来たら、野菜の面倒も見てやらなければならない。どういうことかというと、真夏の下界からヘリで上がってくる野菜は、山の上との温度差で水蒸気が発生し、汗をかいて濡れてしまうのだ。それを箱に入れたまま、ぎゅうぎゅう詰めの状態にしておくと、あっという間に傷んでしまう。

まずは来た野菜をズラッと並べて、乾かしてあげる。それを新聞紙で包んだり、挟んだりして、乾いた段ボール箱に詰め直す。来たときよりも一箱くらい段ボール箱を増やして、ゆったり入れてあげるのがポイントだ。

そうして片づけた野菜も、しばらくするとまた汗をかき、新聞紙がしっとりと濡れてくる。これをこまめに取り出し、野菜が傷んでいないかチェックをし、新聞紙や段ボールを天日で乾かしてから、再度、詰め直す。面倒な作業ではあるが、こうすることで野菜の持ち具合はまったく違ってくる。冷蔵庫のある下界では、まずやることのない作業だ。

こうしてヘリが運んできた貴重な野菜は、大切に使われる。山小屋の野菜は、こんな風にして、お客さんの口に入っていくのだ。

野菜の保存方法
薬師沢小屋の場合

※ヘリで上がってきた
野菜は、よく乾かすこと!!

キュウリ

2～3本ずつ、
ラップに包む。
キュウリの表面にある
イボイボは取らないように。

キャベツ

ひとつずつ新聞紙に包む。
段ボールに入れるときに、
ギッシリ詰めすぎないこと。

長ネギ

2～3本ずつ新聞紙に
包み、立てて置く。

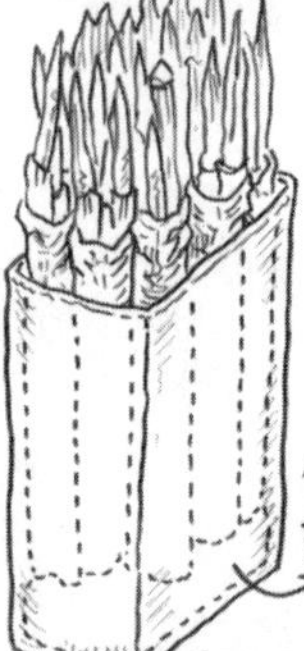

底に
クッション
を敷く

トマト

ヘタを下にして置くが、
どうしてもつぶれてしまうので、
下にクッション
を敷く。

クシャクシャにした
新聞紙

蓋がずれない
ように、重しを
置く

段ボールの隙間は
ガムテープでふさぐ

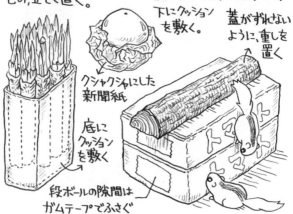

きゃ〜

その他の野菜
間に新聞紙を挟みながら、ゆったり詰める。

長ネギを箱のまま上から使っていたら、下のほうのネギが溶けて、最高に臭くなった…。

卵もへりで上がってきたあとに、各段、割れているものがないか確認しておかないと、腐ってコバエがわき、大変なことになる。

天気のよい日には、野菜を入れていた湿った段ボールや新聞紙を天日干しする。

野菜にも風を通して、チェックする。

バイオトイレと五右衛門風呂

山小屋のトイレが注目されるようになったのは、富士山が世界遺産登録を目指していたときに、し尿処理が問題になったころからだ。それまで山小屋のトイレは、埋没させるか流すかといった、垂れ流し状態がほとんどだった。

一九九九年、環境省が「山岳環境等浄化・安全対策緊急事業」という、し尿処理に対する補助金制度を始め、その後いったん打ち切られたものの、「山岳環境保全対策支援事業」として再開したことを機に、山小屋のトイレはずいぶん改善されたと思う。

とはいうものの、これらトイレ問題は片づいたわけではなく、さまざまな視点から見ても、現在進行形といっていい。考えるべき課題は多い。

ここ薬師沢小屋でも、かつてはボットン式のトイレで、中身はひと冬かけて水分を地面に浸透させていた。掃除も大変で、はね返りよけのトタンにべっとりと付いたウンチを、ヤカンで水をかけながら、ゴシゴシこすっていた。

トイレの場所も小屋の真ん中で、真上は客室だった。当然、その部屋はハイシーズンともなると、アンモニア臭で臭くなった。到着したお客さんを、こちらへどうぞと案内して、「うわぁ、におうねぇ」なんていわれると、申し訳なく思ったものだ。

二〇〇五年にバイオトイレ工事を行ったあとは、トイレの場所も玄関先に移動し、臭気もなくなった。

薬師沢小屋のバイオトイレ形式は、オガクズ方式だ。トイレットペーパーも入れられる。使用方法は、トイレが終わったら、壁の横に付いているスイッチを押すだけ。便槽内のスクリューがウィーンと回り、糞尿の水分を吸ったオガクズが攪拌される。さらにヒーターにより水分が蒸発され、オガクズにいる好気性微生物が残った固形物を分解する。窒素、リン酸、カリウムなどの無機成分が残り、オガクズに吸着し、有機肥料といわれる土になる。

しかしハイシーズンともなると、さすがにキャパオーバーで、オガクズが水分を含んでくる。好気性発酵を促す微生物は、水分が多すぎると酸素を供給できず、急激に分解速度が落ちてしまう。簡単にいえば、臭くなってくる。たった四つのトイレに、毎日何百人もの人が用を足していくのだから、仕方のない話ではある。これはバイオトイレのひとつの問題だ。

なんとかならないかと、芳香剤を撒いたりして、臭いの軽減化を図るが、根本的解決にはならない。日中でも発電機を回して、トイレの攪拌機とヒーターを回し続けるしかない。

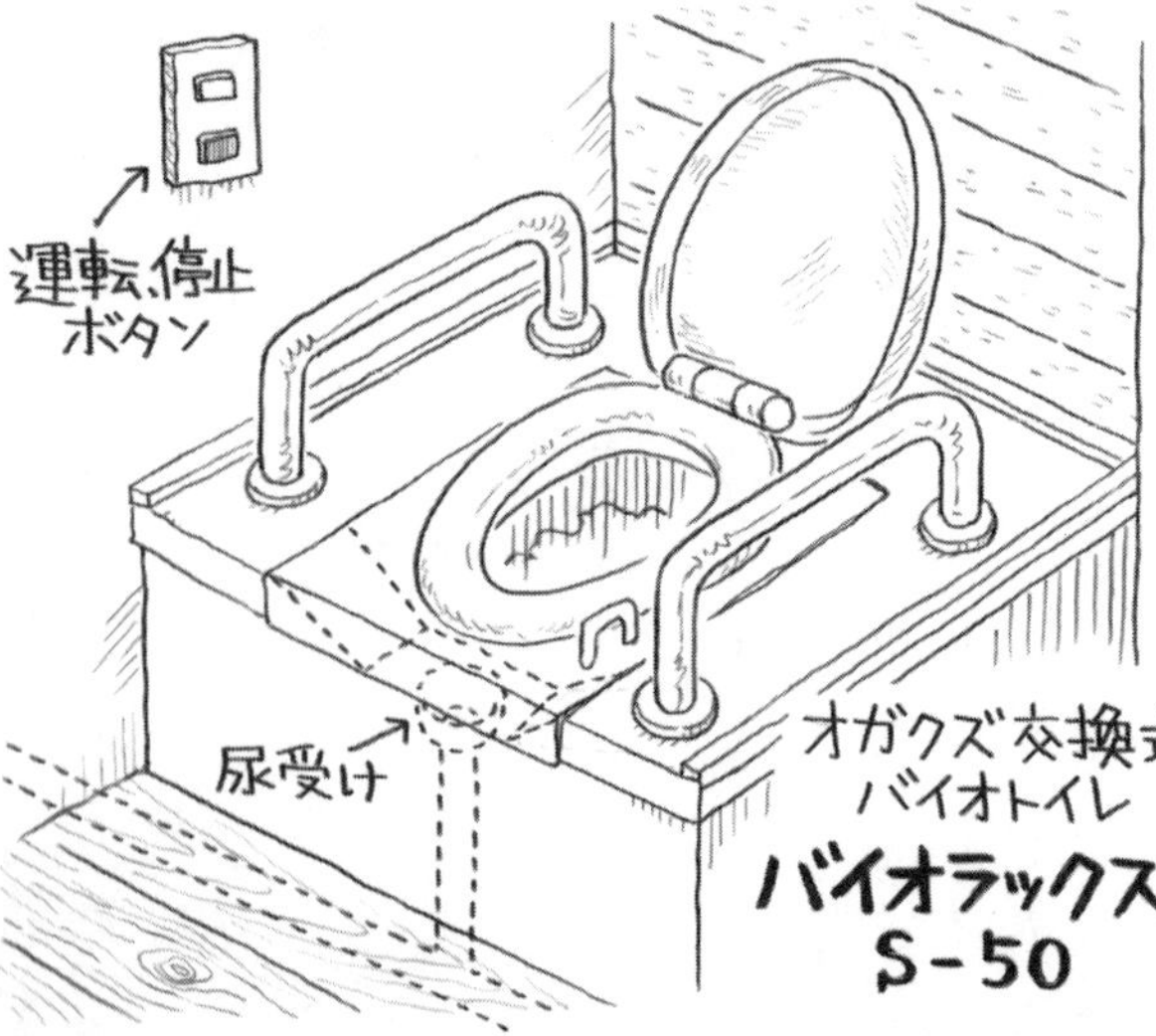

貼り紙はしてあるのだが、この形状だと間違えて和式トイレとして使ってしまう人がいる。何かいい方法はないか

馬鹿な話ではあるが、ほかの菌も入れてみたら活性化するのではないかと、小屋にあったパン用のイースト菌を投入してみたことがある。入れたあとに、もしあれで膨らんでしまったらどうするんだ、という話になり、慌ててパン作りテキストを開いた。

「一次発酵後にパンチングだって」「いや、誰がやるの」。まさかそんなわけはないだろう、と笑い飛ばしたが、少し心配でもあった。

残念ながらイースト菌は、バイオトイレには何の効果もなく、皆一様に安堵した。

薬師沢小屋のトイレは、効率的な配置ではあるものの、とにかく狭い。これは単純に土地スペースの問題で、これ以上広くはつくれなかった。洗浄水循環式トイレをつくれなかった理由も、ここにある。とにかくバイオトイレの便槽と機械が、場所を取る。

ドアを閉めて便座に座ると、ドアが目の前である。体の大きい太郎平小屋の一樹さんなどは、ドアを開けてズボンを上げているから、驚く。「俺、ドアに顔つくで」というから、よっぽど狭いのだろう。「ケツ拭くのも大変や」、これは同感である。

それからトイレの形状がちょっと迷うのか、洋式トイレなのだが、和式スタイルでしてしまう人がままいる。手前の小便受けにウンチが鎮座していることがあり、これを小屋の人間は「逆転」と呼ぶ。逆転の日にトイレ掃除に当たると、ちょっとブルーになる。

こうして逆転したものが、床に落ちているときもある。気づかないのかとも思うが、踏みつけられて床中に広がって、いや、やめておこう。

この手合いの話は尽きないから、トイレの話はこのくらいで。

温泉のある高天原《たかまがはら》や室堂周辺の山小屋と違って、普通、山小屋にはお風呂がないというのは、お客さん向けにはない、という話であって、実はある。よその小屋の事情はよくわからないが、この小屋は水が豊富なので、お風呂に入れる。

薬師沢小屋のバイオトイレ

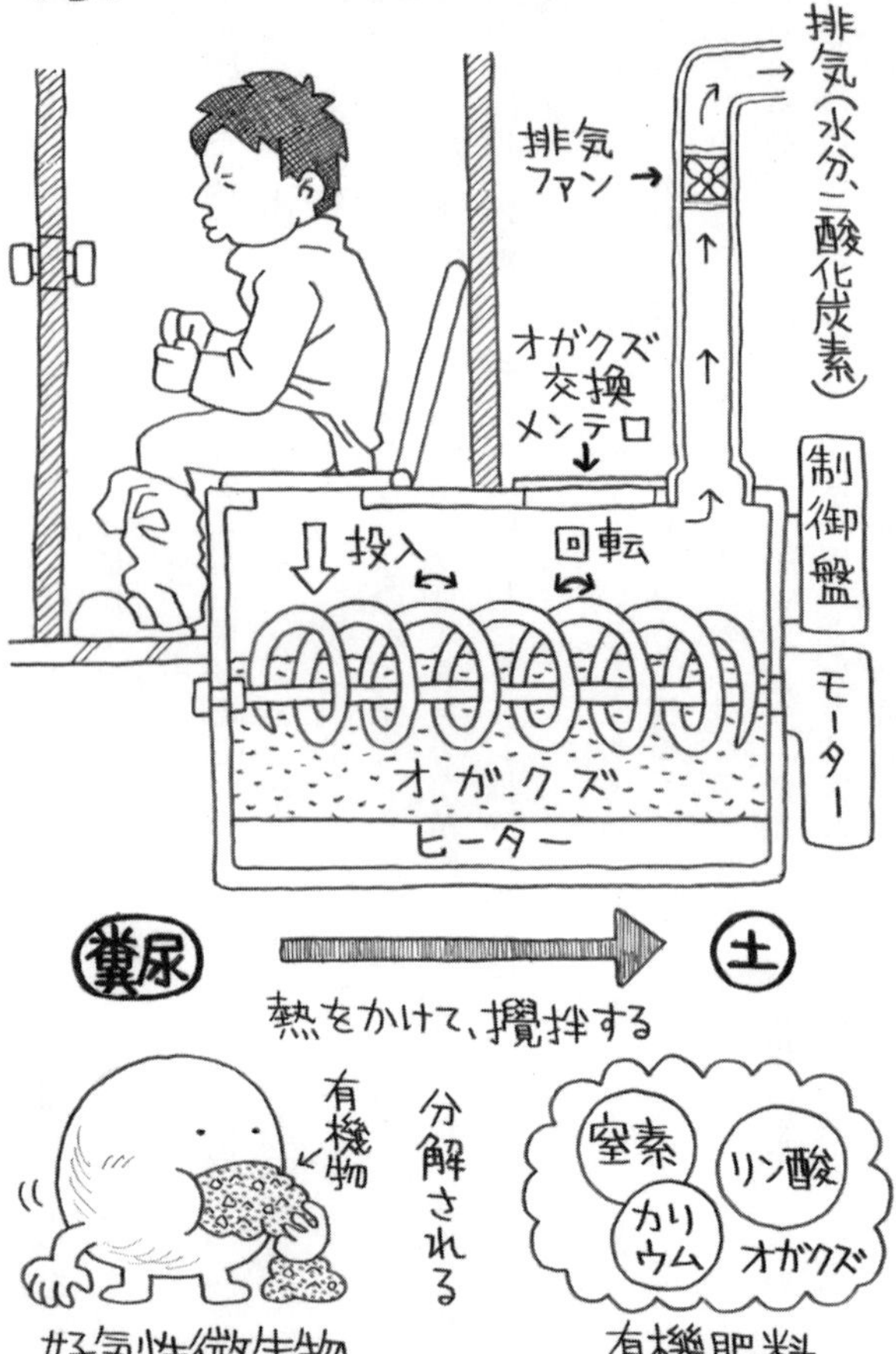

お客さんが入れないのに、従業員だけ入るのは申し訳なく思うが、土地のスペース、風呂のサイズ、燃料を考えると、とても提供できることではない。従業員が不衛生なのは、接客、調理業としてよろしくないので、勘弁してほしい。

薬師沢のお風呂は五右衛門風呂である。石川五右衛門が生きたまま煮られたという、大きな鉄の釜に水をためて、下から薪で火を焚く、昭和の遺物、懐かしの風呂である。私もこの小屋に来てはじめて入った。

風呂は週に二回。忙しい日を避けるので、多少変動する。それから大雨が降ると水が濁ってしまうのと、外から薪で焚くため、できるだけ天気のよい日を選ぶ。

薪も倒木をチェーンソーで切って、ナタで割って作るから、無駄にはできない。倒木は倒れてすぐではなく、二、三年経って乾燥したものがいい。そろそろ薪にいいね、なんて目星をつけていた川原の倒木が、増水で一気に持っていかれ、ガッカリすることもある。

お風呂の沸かし方だが、水を入れて焚くだけではない。最初に屋根の上に設置した太陽熱温水器に水を入れて、冷たい沢水を日がな一日、温める。天気がいいと、うまくいけばぬるま湯くらいの温度になる。

さて、太陽熱温水器の水をお風呂に入れて焚くわけだが、薪が湿っていると、煙ばかりでなかなか火がつかない。薪は発電機室に入れておいて乾燥させてから使う。火のつけ方も、人それぞれ流儀がある。

以前、この太陽熱温水器に給水する水タンクに、ヤマネの死骸が入っていたことがある。気づいたのは風呂を焚いたあと。なんか臭いな、と思いながら風呂に入った小屋番は、入る前より臭くなって出てきた。

ハイシーズンの従業員は五人。水はあるけど、お湯の量は限られているから、沸かしたお湯は大切に使う。熱い湯は味噌樽二杯が上限。これを水で割って、頭と体を洗う。一番最後の人以外は湯船に浸からない。

なので、風呂に浸かる機会が巡ってくるのは、オフシーズン。あの鉄でできた五右衛門風呂に首まで浸かると、体の芯までぬくと温まる。夜にランタンをつけて、沢音を聞きながら入るお風呂は最高。ほんのり薪の香りがして、至福のひとときだ。

薬師沢小屋のお風呂
太陽熱温水器
太陽光で冷たい沢水を
温めて、給湯する。
屋根上に
設置。
給水
給湯
集熱パネル
いい湯だな
ふふふん
鉄釜
小屋番が
焚いてくれます
けむい

遭難事故と山岳警備隊

車に乗れば、交通事故に遭う恐れがあるように、山に登れば、山岳事故に遭う恐れがある。たいていの事故は、未然に防げるものであったかもしれない。しかし、自然界の不確定要素と、自身の判断ミスが不幸にも重なると、遭難のリスクが高まる。

私が薬師沢小屋で働いている間にも、毎年のように山岳事故が起こった。ほとんどは木道や登山道でのスリップ、転倒事故だ。手足の捻挫《ねんざ》、骨折が多い。だが、不幸にも死亡事故につながる例もあった。

私の知るなかでは、この近辺で三件の死亡事故があった。そのうちひとつは赤木沢での沢登り中の事故だ。秋も終わりのころで、前日は初雪が舞っていた。早朝も霜が降りていて、沢登りに出発する人たちは、本当にこんなに寒いのに行くのかね、なんていいながら、小屋前で登山靴から沢靴に履き替えていた。

その日の午後になってから、遭対無線が騒ぎ出し、傍受していると、赤木沢大滝上部から人が落ちて、姿が見えないといっている。大滝は三十五メートル直瀑で、上から落ちたとしたら、とても助かる高さではない。すぐさま富山県警ヘリ「つるぎ」が飛んだ。

大滝下部に吊り降ろされた山岳警備隊は、捜索にあたった。上空からもヘリで捜索するが、それらしい人影は見当たらない。おそらく滝壺の中では、という見解になった。若い隊員がロープを結んで滝壺に潜り、二度目のトライで滝の奥に入り込んでいた遭難者をつかみ、水中から引きずり出した。

夕暮れ間際、つるぎが遭難者をピックアップ、フライトぎりぎりの時間帯だった。残された隊員たちは真っ暗闇のなか、凍るように冷たい黒部川を、薬師沢小屋まで下ってきた。

山岳警備隊は、山小屋で働く私たちにとって、遭難事故発生の際、何よりも頼りになる。彼らは県警ヘリで、もしくはヘリが飛ぶことのできない天候のときであっても、最善の方法で駆けつけてくれる。隊員の全身全霊をかけた救助活動、登山者や遭難者に対する思いやり、労《いたわ》りを感じるたびに、頭の下がる思いがする。

ひとたび山岳遭難事故が発生すると、こうして山岳警備隊が出動し、同時に山小屋や遭難対策協議会、警察や消防の航空隊、病院、交通機関など、関係機関が連携して動く。このような山岳救助体制ができあがった背景には、登山の大衆化による、遭難事故の増加があった。

とくに大きな山岳事故として登山史に刻まれたもののなかに、愛知大学山岳部学生十三名全員が死亡した、薬師岳東南尾根での大量遭難がある。一九六三年、三八豪雪と呼ばれる、北陸地方に記録的豪雪災害をもたらした年に起こった事故だ。

愛知大学山岳部は、年の暮れから正月にかけて、薬師岳登頂を目指し、大晦日《おおみそか》に太郎平小屋に入った。元旦は停滞。二日になって薬師平まで前進し、C3を設置した。このとき、同じく薬師岳登頂を狙っていた日本歯科大学山岳部が、山頂を目指し、愛大C3の前を通り過ぎて行った。

その後、愛大山岳部は日歯大山岳部に追いつき、ともに頂上を目指したが、風雪に叩かれ、視界がなくなってしまった。愛大山岳部は、頂上手前三百メートルで登頂を諦めて引き返すが、日歯大山岳部は頂上まで行き、その後、下山を開始した。ところが日歯大山岳部が愛大C3を通過する際、先に下りたはずの愛大山岳部は、まだ戻って来ていなかった。

愛大山岳部は、薬師岳二六五八メートル分岐点から、誤って東南尾根に迷い込んでしまったのだ。部員の遺体発見場所、及び遺品のメモから、二日、三日と風雪のなかをビバークし、四日になって引き返す最中に、十一名が疲労凍死、残り二名は雪庇を踏み抜き、黒部側に墜落死したものと推定された。

救援、捜索活動は大規模なものとなった。第一次捜索活動だけでも、救援隊、警察、自衛隊など、半月で動員された人数は、延べ二千四百人余り、報道関係においては四、五十人に及んだ。出動した航空機も四十二機、八十二フライトあった。

捜索活動は長期にわたり、十一遺体が発見された。しかし八月の終わり、対策本部は組織的捜索の打ち切りを決定。あとは自主的任意捜索へと切り替えられた。

その後も五十嶋のマスターは、遺族に必ず付き添い、捜索を続けた。十三遺体、すべてが発見されたのは、遭難発生から二百八十六日目、十月十四日のことだった。マスター自身も、十三名全員を自らの手で荼毘《だび》に付すことができ、ようやく肩の荷が下りたそうだ。

マスターがいうには、遺体の捜索というのは不思議なもので、親族や近しいものが捜すと出てくることがあるという。この愛知大遭難事故にしても、最後の一人を捜し出したのは、その学生の父親だった。しかも見つけたのは、捜索の最終日だった。

ほかにもこんな話がある。京都の学生が東沢で流されてしまい、何日捜索しても遺体が見つからなかった。その子の母親が、「せめて水際まで行ってお別れをいいます」と黒部ダムの水際に下りて行ったとき、水面から小指が一本出ていることに気づいた。それが捜していた学生だったという。死んでなお、親子は魂を呼び合うのだろうか。

マスターの大切にしている言葉に、次のようなものがある。

「山で生活し山で生きる人間は、金銭などにはこだわらず、自分のできる限りのことはしてやるものだ。自分が山でどんな災難に遭おうとも限らないから、人には尽くし

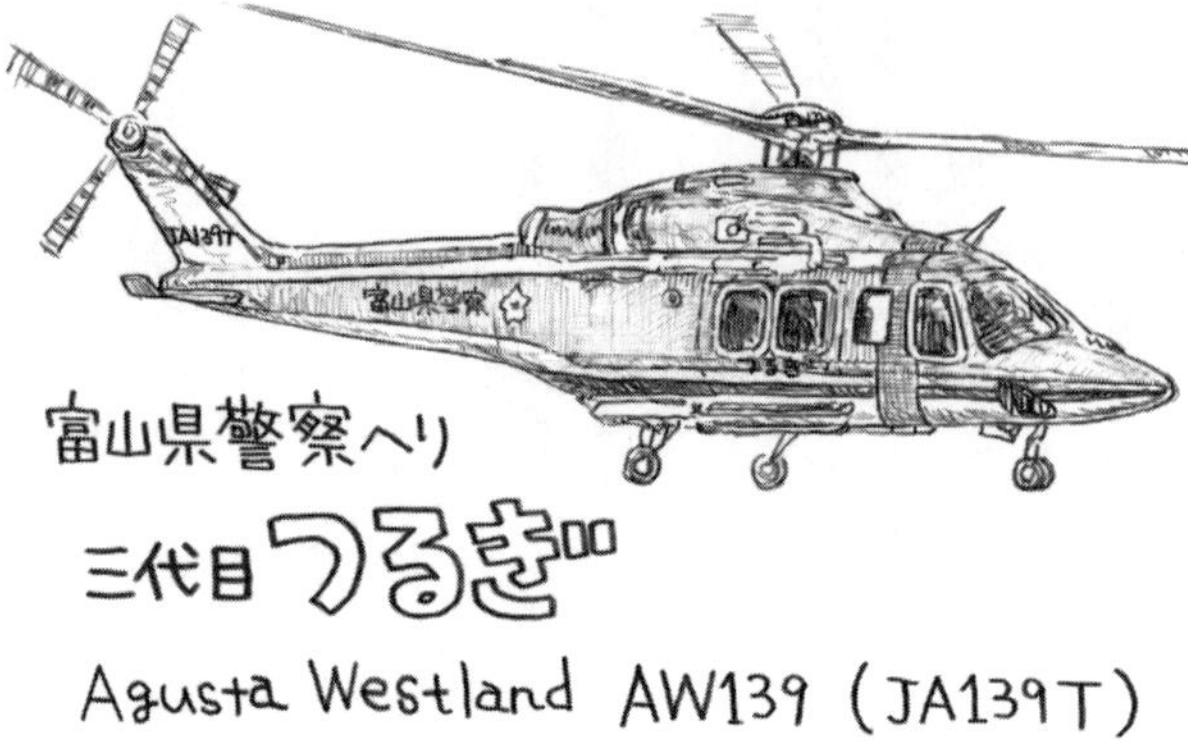

AW139はほかにも海上保安庁、警察航空隊、消防防災航空隊などで活躍している。
PT6Cターボシャフトエンジン2基搭載

ておくものだ」。これはマスターの生き方に如実に表れているように思う。

折立から入山する際、登山道入り口の先に十三重之塔を目にするだろう。これは愛大生十三名の慰霊碑で、私も入下山の際には必ずお参りをする。

薬師岳、C3のあった薬師平には大ケルンが建てられ、また東南尾根と登山道との分岐にもケルンが建てられ、中央には仏像が安置された。

また分岐ケルンの近くには、遺族の寄付により避難小屋が建てられ、いまは屋根もなく石積みだけになっているが、積雪期の指導標的役割を果たしている。実際にここで風雪を凌《しの》いだという記録もある。

この大量遭難事故の翌々年（一九六五）、いままであった警察山岳救助隊をより強固に編成した、富山県警察山岳警備隊が発足した。

山岳警備隊の指導にあたっては、立山ガイドが重要な役割を果たした。当初、山岳警備隊員は、体力はあるものの、登山に関しては素人が多い集団だった。立山ガイドは、山のこと、山での救助技術や心構えなどを隊員に指導し、また実際の救助活動においても伝えていった。

この立山ガイドと呼ばれる人々は、古くは立山登拝登山において、中語《ちゅうご》と呼ばれた従者の継承者たちで、日本の近代登山黎明期を陰から支えてきた。山に生き、山に仕事を持つ、山のプロ集団だ。

第一次南極観測隊にもこの立山ガイドから、五名が設営担当として参加している。そのうち三名は、公式記録ではなくあくまで個人行動だが、留守番の間にほかの隊員と五名で、南極大陸に日本人初上陸した、というこぼれ話がある。皆、山だけでなく、冒険も好きだったようだ。

話が逸《そ》れたが、山岳警備隊が発足した翌年（一九六六）には、山小屋や山岳会、消防団員や役場の若手職員で構成した富山県山岳遭難対策協議会が設置され、薬師岳方面の隊長はマスターが務めた。富山県ではほかに、朝日岳方面、宇奈月方面、立山・剱岳方面、医王山・大門山方面と、各方面に遭対協が設置されている。

同年、富山県登山届出条例が公布、施行。

その後も、山岳警備隊の夏山常駐や、遭難対策用無線局の開局、病院屋上へリポートの供用、県警ヘリつるぎの導入など、遭難防止、救助対策は進められていった。

夏山シーズンが始まると、薬師岳方面遭難対策無線の定時交信が始まる。これはこの一帯の山小屋が連携して、遭難対策や救助に関する伝達をするもので、情報共有として欠かせないものになっている。各小屋はこの無線により、一帯の登山道状況や天候、登山者の動向を知ることができる。

定時交信に参加しているいくつかの山小屋は、長野県との県境にあり、経営者も長野県の人であるが、安全面を考えるうえで、富山県内外かかわらず、山域として連携を取っている。

またハイシーズンの太郎平小屋には山岳警備隊が常駐し、登山者への指導や遭難事故の対応をしている。同じく、遭対協の隊員も交代で太郎平小屋に上がってきて、パトロールを行ったり、事故発生の際には、協力を惜しまない。本当に、皆さんの協力あっての山小屋である。

山小屋で働くようになるまで考えもしなかったが、山にはその山域に関わるたくさんの人々の思いや活動、歴史がある。いま、私がここにいることも、その歴史の延長線上にいるということなのだ。山小屋で働くということは、これら先人の意思を受け継ぎ、つなげていくことなのだと、気の引き締まる思いがする。

最後になったが、遭難事故について書き連ねたものの、これらは登山者のみに起こることではない。山小屋従業員も、常に同じ立場にあることを忘れてはならない。

一九九七年、小屋閉め後の薬師沢小屋から太郎平小屋に歩荷《ぼっか》をしている最中、崩壊地で薬師沢小屋の従業員が滑落した事故がある。みんなバラバラに歩いていたので、いないことに気づいたのは、その従業員を除く全員が太郎平小屋に着いてからだった。

それからみんなで捜しに戻ったが、その従業員を見つけたときには、すでに心肺停止状態だった。ヘリで搬送したものの、帰らぬ人となった。つらく残念な話だ。

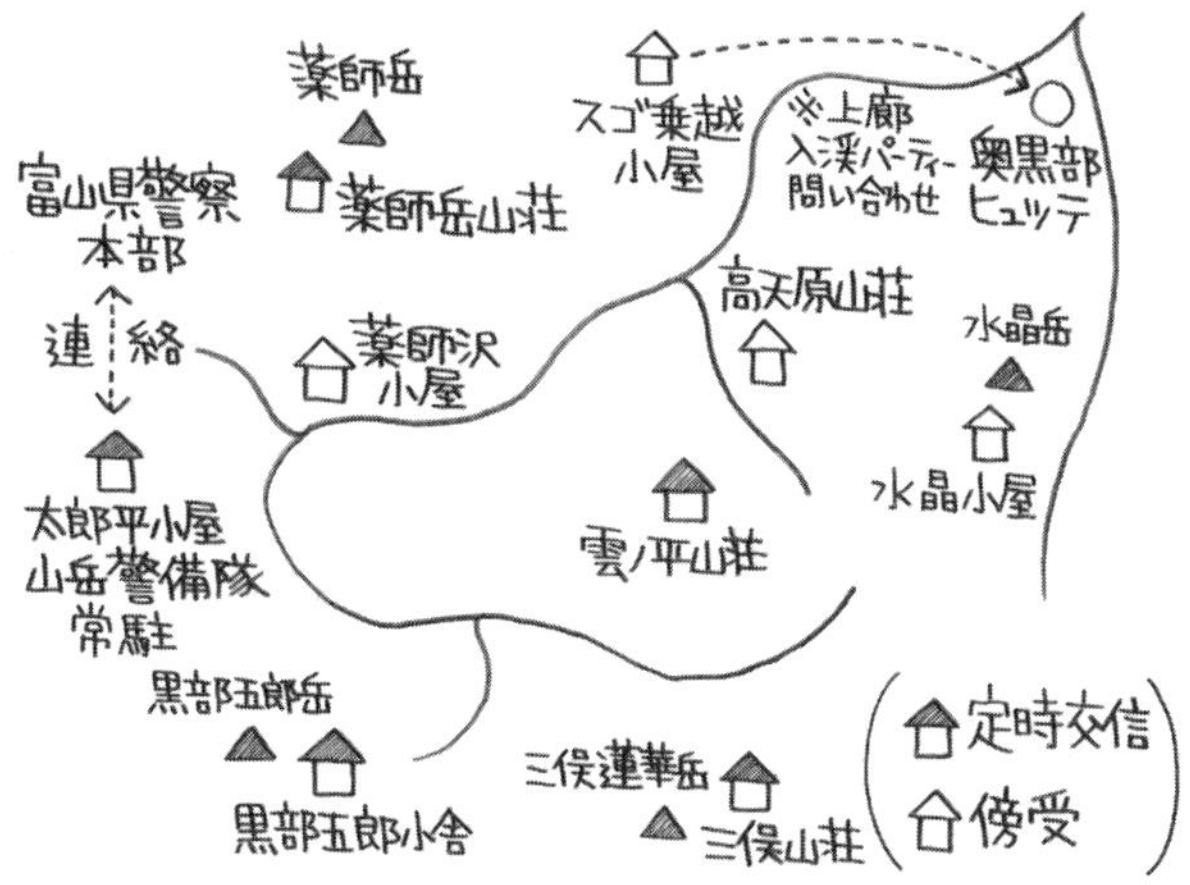

夏山シーズンの薬師岳方面遭難対策無線の定時交信範囲概念図

薬師沢小屋には、亡くなった従業員のお母さんがつくったお地蔵さんが、玄関先に祀ってあり、従業員と登山者の安全を見守っている。

お兄さんも毎年、薬師沢小屋に訪ねてきてくれる。亡くなった弟さんも、私と同じように、この小屋が好きで、渓流釣りが好きだったそうだ。そういってお兄さんは、弟さんの使っていた竿を毎年、必ず振っていく。

ここに暮らしていると、山というより生活の場という感覚になりがちだ。しかしいくら慣れているとはいえ、ここは自然のただ中だ。常に想像力を働かせて行動することの重要性を、忘れないようにしなければと思う。

常連さんと居候

毎年のように薬師沢小屋に訪れてくれる、常連さん、という人たちがいる。ここはシーズン中、イワナ釣りを楽しむことができるから、常連さんも釣り好きの人がほとんどだ。年に一度であっても、何度か顔を合わせているうちに親しくなる。

それぞれ常連さんは、だいたい毎年来る季節が決まっているから、小屋番と、そろそろ誰々さん来るかな、なんて話になる。来なくなったら死んだと思ってくれ、と言い残して下山する人もいるから、来るべき人が来ないと、どうしたかなと心配になる。また会いに来たよ、って今年も顔を出してくれると、ホッとする。

小屋番や私より、もっと昔からここに通い続けている大先輩方も多い。お酒を飲むと、昔話が飛び出す。毎年同じ話を聞いているような気もするが、毎年同じようにみんなで大笑いする。

楽しかった記憶は蓄積する。みんないつしかこの薬師沢小屋と、黒部源流が大好きになった人たちばかりだ。小屋の人間は、こうした常連さんに支えられて、山小屋の仕事を続けられているところが大きい。

常連さんのなかには、お土産をたくさん持ってきてくれる人もいる。お金を払って宿泊して、小屋の人間のためにどっさりお土産を担いで来るのだから、驚いてしまう。

正直、下界では口にできないようなお酒やご馳走を持ってきてくれたりする。こちらは、世の中にはおいしいものがあるのだなあ、と舌鼓を打つが、本人は客食のスパゲティーサラダを食べて、うまいなあ、なんていってくれるから、困惑してしまう。

その常連さんに、次は何を持ってきてほしい、と聞かれたことがあって、サンマが食べたいです、っていったら、本当にサンマをどっさり担いで持ってきてくれた。背負子《しょいこ》に発泡スチロールをくくりつけ、中に氷が五キロ、サンマが二十匹は入っていただろうか。ぷっくり太った立派なサンマに、世の中にはこんなに大きなサンマがいるのかと驚いた。

ただ、内臓が抜かれていたので、内臓がないぞう、と冗談でいいつつ、いや私、サンマは内臓を食べる魚なのに、くらいのことをいってしまったかもしれないが、翌年からは内臓入りのサンマを持ってきてくれるようになった。しかもそのとき、大根がないと大騒ぎしたっけ？　大根まで背負ってきてくれるようになった。

みんな大喜びするものだから、持ってきてくれる常連さんは大変だろうに、これが秋の恒例になってしまった。持てなくなったらもう来れないなあ、なんていうから、そんなに無理して担がずに、少しずつ荷物を減らしてくださいといっている。

客食メニューにサンマが出ていないのに、サンマの匂いと煙だけが漂っていることがあるかもしれないが、そんなときは、こういった事情で従業員がサンマにかぶりついている。

最近少なくなったが、居候《いそうろう》、という人たちもいる。小屋の仕事を手伝いながら、小屋に滞在する人をいう。もちろん給料は出ない。この居候と呼ばれる人のほとんどは、元従業員だ。

居候は基本、忙しいときを狙って手伝いに来てくれる。とくに秋などは従業員が三人しかいないのに、百人を超えるお客さんが来ることがある。そんなとき、いやー、忙しいだろうと思って来たよ、なんて救世主のように現れる。これまで数々の修羅場を手助けしてもらった。皆、勝手がよくわかっているから、いちいち教える必要もなく、本当にありがたい。

それに、あの山小屋という閉鎖空間の中で、昔の仲間が来てくれるということは、何よりの楽しみだ。何年経っても、同じ釜の飯を食べ、同じ時間を過ごした仲間は、人生の宝物だ。

山の上までこれを担いできたのですか!?
驚きのお土産の数々

富山土産定番の昆布締め。カジキマグロやアオリイカなどなんでも挟む。酒の肴に最高。

小屋番の大好きなチーズケーキ。ここまで崩さずに持ってくるとは、お見事!!

いつもありがとうございます!!

バイトの子の両親が担いできたスイカ。彼女の大好物。愛を感じるなぁ〜。

数々のお酒・・・
数々の思い出・・・

釣りとイワナと私

黒部源流のイワナは、この荒々しい黒部川の流れにもまれ、それはそれは立派なヒレを持っている。まさかと笑うかもしれないが、そのヒレで体を起こし、川原をくねくねと歩いていく。筋肉隆々、体も太くて頭が大きい。その代わり、体がちょっと短い。流れの緩いところに棲んでいるイワナのように、体長が伸びないのだ。これは絶対に尺イワナだろう、というくらい大きな頭をしているのに、測ってみると寸足らずだったりする。だからこの辺で尺イワナを釣り上げるのは、なかなか難しい。小屋近辺のアベレージで二十三、四センチくらい。上流に行くほどサイズは小さくなるが、その分、数は多くなる。川沿いを歩いていると、ヒョイッ、ヒョイッ、と魚影が走る。昔は川が真っ黒になるほどいたらしいが、いまではさすがにそれはない。

釣り人も年々増え、イワナもあの小さな頭のなかに、覚えられる限りの毛鉤パターンを詰め込んでいるのだろう。毛鉤を見にきては、フイッと帰っていく。以前は何の疑いもなくプカーッと浮かんできて、どんな毛鉤にでも食いついてきたのに。仕方ない、時代は変わったのだ。これぞ黒部源流イワナ、というような無垢なイワナはもういない。イワナのほうだって、世知辛い世の中だなあ、なんて思って暮らしていることだろう。

私も毎年、小屋仕事の合間を見つけては、いそいそと釣りに出掛ける。よく飽きないもんだと小屋番は呆《あき》れているだろうが、これほど面白く無心になれるものはない。矛盾した話ではあるが、イワナ釣りが好きなだけに、釣られるイワナがかわいそう、という気持ちも人一倍だ。「かわいそうなのにどうして釣りが好きなのかなあ」と釣りをしない従業員に聞いたら、「人間とはそういうものですよ、やまとさん」といわれてしまった。

釣りにはドラマがある。行為としては同じことを繰り返しているのだけれど、イワナとの一期一会がそこにはある。そのなかでもとくに、この黒部源流ならではという話を少し。それは川の条件がよくて、これでもかというくらい釣れた日の話だ。何匹も何匹も釣れて、こんなに簡単に食いついたらダメだよ、なんていいながらリリースし、置いていた竿を持って立ち上がったときだ。置いていた竿の仕掛けがいつの間にか川の流れに乗ってしまったみたいで、イワナが勝手に食いついていた。

また同じ釣行のときの話で、上から覗《のぞ》ける淵の上からポイッと毛鉤を流したら、それを見つけたイワナが三方向からダッシュしてきて、うわ、すごいなと思ったら、三匹同時に毛鉤の下まで来て、頭をゴチーンとぶつけ、みんなでもんどり打った。そのうち一匹の背中に毛鉤がかかり、釣り上げたのだが、かわいそうだけど笑ってしまった。これも魚影の濃い黒部源流ならではの話である。

ここでシーズンを通し、川とイワナを眺めていると、いろいろなことに気づく。例えばイワナの居場所だ。春先は大きな淵に身を寄せ合うようにしてイワナが群れている。これは冬の間、雪に閉ざされた黒部川で、水温や水量に左右されにくい大きな場所に、みな集まっているからだろう。水温が低いときは、何度餌《えさ》を流しても見向きもしない。やがて水温が上がり始めると、流れる餌に食いつくようになる。さらに浅瀬に出て餌を食うようになると、グッと釣りやすくなる。

梅雨明け十日と呼ばれる好天の期間も中ごろになると、黒部川の水量が減ってきて、イワナも過敏になってくる。上空からの天敵にも見つかりやすいのだろう。あれだけいたはずのイワナも影を潜め、明らかに数が少なくなったと感じる。みんなどこに行ってしまうんだろう。それがお盆になり、台風もやって来て雨が降り始めると、どこから湧いてくるのか、またイワナがゾロゾロと出てくるのである。いままで地下にでも潜っていたのではないかと首をかしげてしまう。こうした変化は、年によっても変わってくる。例えば雪の多い年は水温が低く、餌を食べ出す季節が遅くて魚が小さかったり、早くから暖かいと早い季節に遡上してきたり、とそんな具合だ。雪の多い年、水不足の年、猛暑の年、イワナはその年の環境の変化に順応しながら生きている。

以前、春先の黒部川本流に、雪や土砂がまぜこぜになった大水が出たことがある。小屋前の吊り橋が壊れ、下流の川原の大木が何本もなぎ倒された。それはまだ小屋開け前の誰もいない季節だったから、想像でしかないが、相当大きな出水だったはずだ。このとき、上流のイワナは壊滅状態になり、まれに釣れても体が傷だらけで、よくまあ生きていたものだと尊敬の念を持たずにはいられなかった。

こんな状態では、川が回復するのにいったい何年かかるのだろう、と残念に思っていたが、秋になって、私はあることに気づいた。川の際《きわ》や浅瀬に、いつもは見ることのないイワナの稚魚が、たくさん泳いでいるのだ。なるほど、捕食者でもある成魚が減ったおかげで、稚魚がこんなに生き残っているんだ、すごい。これならきっとすぐに魚も増えるぞ。

私の期待通り、イワナの数は三年も経ったら元に戻ってしまった。下流の倒れた大木も枯れたと思っていたら、根は生きていて、倒れたまま新しい葉を茂らせていた。きっとここの自然は、ずっと昔から、何度も何度もこうして崩壊と再生を繰り返してきたんだ。世代を超え、生命をつないできたんだ。

黒部源流では「黒部源流の岩魚を愛する会」が、イワナの移殖放流をしている。これはイワナが遡上できない沢に本流から移殖して、種の保存をしようという活動だ。近種交配を避けるため、定期的に放流をしている。移殖放流については賛否両論あるが、会では本流のイワナのみを移殖するという原則を守り、生態系の破壊につながらないようにする、という考えのもとで活動を続けている。メンバーは、昔からの釣りの常連さん有志と、賛同した釣り人だ。

そんなわけで会は、釣ったイワナのリリースをお願いしている。あくまでお願いなので、食べてもかまわない。渓《たに》の恵みをいただくのも、釣りの楽しみのひとつだと思う。ただ、大量に釣ったイワナを、クーラーボックスに入れて持ち帰るようなことはやめてほしい。これだけ人が来る場所で、これだけたくさんのイワナが棲む清流を、私はほかに知らない。どうかいつまでもこの黒部源流が、イワナの魚影濃い渓でありますように。

第四章

秋の源流と小屋閉め

イワナの遡上

あ、今日から秋だ。季節は徐々にというより、ある日突然変わる。空気がキンと冴え、空の色と風の囁《ささや》きが秋の到来を告げる。小屋番に「秋が来たね」というと「そうですね」と空を仰いで答えるから、そう思うのは私だけじゃないらしい。そんなころになると、イワナもこれから迎える産卵の季節に備えて、遡上を始める。上流の産卵に適した、流れの弱い浅瀬や支流を目指し、大きなイワナがこぞって遡《さかのぼ》ってくるのだ。

小屋から十五分ほど、大東新道を下ったところにある、通称「魚飛びの滝」と呼ばれる高さ三メートル、長さ十メートルほどの落差では、イワナがぴょんぴょん飛ぶようになる。水温が上がる午後のほうがよく飛んでいる。落ち込みは白泡が立っていてわからないが、おそらくたくさんのイワナがたまっているのだろう。眺めていると、スピードをつけて一気に落差を越えようと、跳ね上がる姿を見ることができる。右側の細い落差を上がっていったのを見たことがある、という人もいるが、正面から行くと水量が相当あるので、とても太刀打ちできない。水の勢いに跳ね返されて、落ちていく。最終的にどうやって上に上がっているのかよくわからないが、イワナは何度もこの落差を越えようとトライするのだろう。それを眺める私は思わず中島みゆきの「ファイト！」を口ずさむ。――ファイト！　闘う君の唄を闘わない奴等が笑うだろうファイト！　冷たい水の中をふるえながらのぼってゆけ――

こんなころのイワナは婚姻色といって、繁殖期に表れるオレンジ味を帯びた体色の個体が増える。とくに大きな雄イワナは、顎《あご》がガッチリしていてかっこいい。この立派な顎で雌を争って戦うのだ。ペアリングしている雄が、ほかの雄を追い払っている様子なども観察できる。そっと近づいて観察するのも、この季節ならではの楽しみだ。雄と雌がお互いの尾ビレを追いかけるようにして、水の中をクルクル踊るように回っている姿もまた感動的だ。

産卵は残念ながら小屋閉め後、水温がある程度下がってからなので観察できない。イワナはサケと違って、一度の産卵では死なず、何年かにわたって産卵をする。卵が孵化するのは真冬で、稚魚は春まで同じ産卵場所で過ごす。やがて雪融け水に乗って川の際や緩やかなところに分散されるが、成魚に食われる個体も多い。厳しい世界だ。

上ノ廊下と赤木沢

廊下とは、山岳用語でゴルジュのことだ。ゴルジュとは、両側が狭まり岩壁になった谷のことをいう。黒部川は中流から上流にかけて大規模なV字谷、黒部峡谷となっている。現在では、この黒部峡谷の黒部湖より下流を下ノ廊下、上流を上ノ廊下と呼んでいる。また上ノ廊下も、ゴルジュ帯が終わる立石奇岩より先は、奥ノ廊下と呼んでいる。

上ノ廊下は一般登山道ではなく、沢登りで有名なルートで、徒渉の困難さと行程が長いことから、上級者向けの沢とされている。ただし、残雪の状況や水量によってグレードはまるで違い、水量の少ない年は、シーズンに二十パーティーくらい遡行してくるし、逆に水量の多い年は、二、三パーティーの猛者しか遡行してこれないこともある。徒渉が鍵となる沢なので、徒渉ミスによる溺死や、高巻き中の滑落による死亡事故も少なくない。そんな危ないところをわざわざ、と思うかもしれないが、沢登りの面白さはその自由度にあると思う。どこを徒渉するか、どこを登るか、地形を見て考える。結局のところ、皆同じようなポイントを選ぶので、人のよく入る沢だと、ルート上に残置ハーケンがあったりする。

本来ならばこの上ノ廊下の素晴らしさをお伝えしたいのだが、残念ながら私はまだ上ノ廊下を遡行したことがない。以前、沢登りの会に入っていたころに、計画だけはしたが、台風で山行が流れてしまった。その後、山小屋勤めを始めてしまったので、いまは薬師沢小屋に到着する遡行パーティーを眺めて、指をくわえているしかない。いつかは私も遡行してみたい。

上ノ廊下を過ぎ、奥ノ廊下からB沢を抜ければ、あとは薬師沢小屋まで登山道がついている。上ノ廊下を遡行してきたパーティーなら、小屋まで鼻歌交じりだろう。反対に赤木沢を目指す人たちは、この薬師沢小屋から沢支度を整える。まずは足ごしらえ。いまどきわらじを履く人はさすがに見なくなったが、フェルトソールかラバーソールの沢靴に履き替える。このフェルトソールだが、ほかの山域から植物の種を持ち込まないよう、使用したあとはソールをよく洗っておいてほしい。高山の植生は繊細なので、気を遣ってあげたい。

秋の早朝は、川原の石に霜がついていることがある。そんなときはよくまあ滑る。赤木沢出合手前のゴルジュまでは、二、三回の徒渉と川原歩き。水量が多いと、徒渉も踏ん張らないと流れに足を取られそうだ。赤木沢出合手前のゴルジュは、左岸の高巻きか、右岸の挟まれるようなへつり。右岸は荷物が大きいと、へつりの途中で挟まってジタバタする。ここの淵は、季節によっては黒々と泳ぐイワナの姿を眺めることができる。さてこのゴルジュを抜ければ、赤木沢の出合はすぐそこだ。出合には広々とした淵が広がり、エメラルド色の水が湛《たた》えられている。思わず竿を出したくなるが、意外とイワナは棲みづらいみたいで、魚影はない。

出合を越えれば、いよいよ赤木沢の遡行が始まる。赤木沢は、赤木岳と黒部五郎岳の間に位置する中俣乗越に端を発し、黒部川本流に合流する秀麗な沢だ。明るく開けていて、出てくる滝はどれも美しい。とくに二番目に出てくる滝は、思わず淵に飛び込みたくなるくらいの美しさだ。元バイトのお兄さんが「以前その淵で若い女性が二人、下着姿で泳いでいて、その姿が天女のようだった」といっていたが、「全裸のおじさんが泳いでいたのを見たときもあって、地獄の池で蠢《うごめ》く赤鬼のようだった」ともいっていた。風景とは、その時々の状況によって、まるで違うものに見えてくるものなのだろう。

その後も美しいナメや滝が続き、秋には側壁の草黄葉《くさもみじ》がオレンジ色に輝き、何度もため息をついてしまう。滝はほぼ水線通しに登れるし、高巻く滝の踏み跡は明瞭だ。やがて目の前に落ちる三十五メートルの直瀑、赤木沢大滝を目にしたら、思わず歓声をあげたくなってしまう。ここばかりは秋ではなく、水量の多い季節のほうが迫力満点だ。大滝は右壁の藪《やぶ》や立ち木をつかみながら直登するか、ひとつ手前の踏み跡から高巻きする。どちらもさほど難しくはないが、当然落ちたらただでは済まない。

大滝の上部からは水晶岳方面の展望が開ける。ひとしきり眺望を楽しんだら、最後の詰め。沢筋を最後まで詰めて中俣乗越に出るのもいいが、たいていは太郎平方面に下山するので、手前の支流から上ノ岳（北ノ俣岳）方面にトラバース気味に上がることが多い。どこを上がっても、源頭部の藪漕《こ》ぎは皆無、そのまま広々とした草原に出る。稜線はすぐそこだ。

赤木沢も十数年くらい前から、メディアに紹介される機会が増えたため、訪れる人もずいぶん増えた。秋の水量の少ない時期が赤木沢のハイシーズンで、九月の天気のよい連休ともなれば、赤木沢大滝に登り待ちの行列ができることもあるという。私は人のいない赤木沢しか歩いたことがないので、どうも想像し難い。今後も人が増え続けるのであれば、源頭の高山植物へのダメージも心配になる。たしかにここ数年で、いままでなかった場所にも踏み跡ができた。これも山小屋あるがゆえの功罪か。今後の経過に注意を払っていきたい。

上ノ廊下

写真中央が下ノ黒ビンガと呼ばれる花崗岩の大岸壁(写真提供=田丸瑞穂)

口元ノタル沢先のゴルジュを突破するパーティー(写真提供=田丸瑞穂)

F2 10m 広々とした美しいナメ滝
（写真提供=池上良）

赤木沢大滝　35m 赤木沢最大の直瀑
（写真提供=池上良）

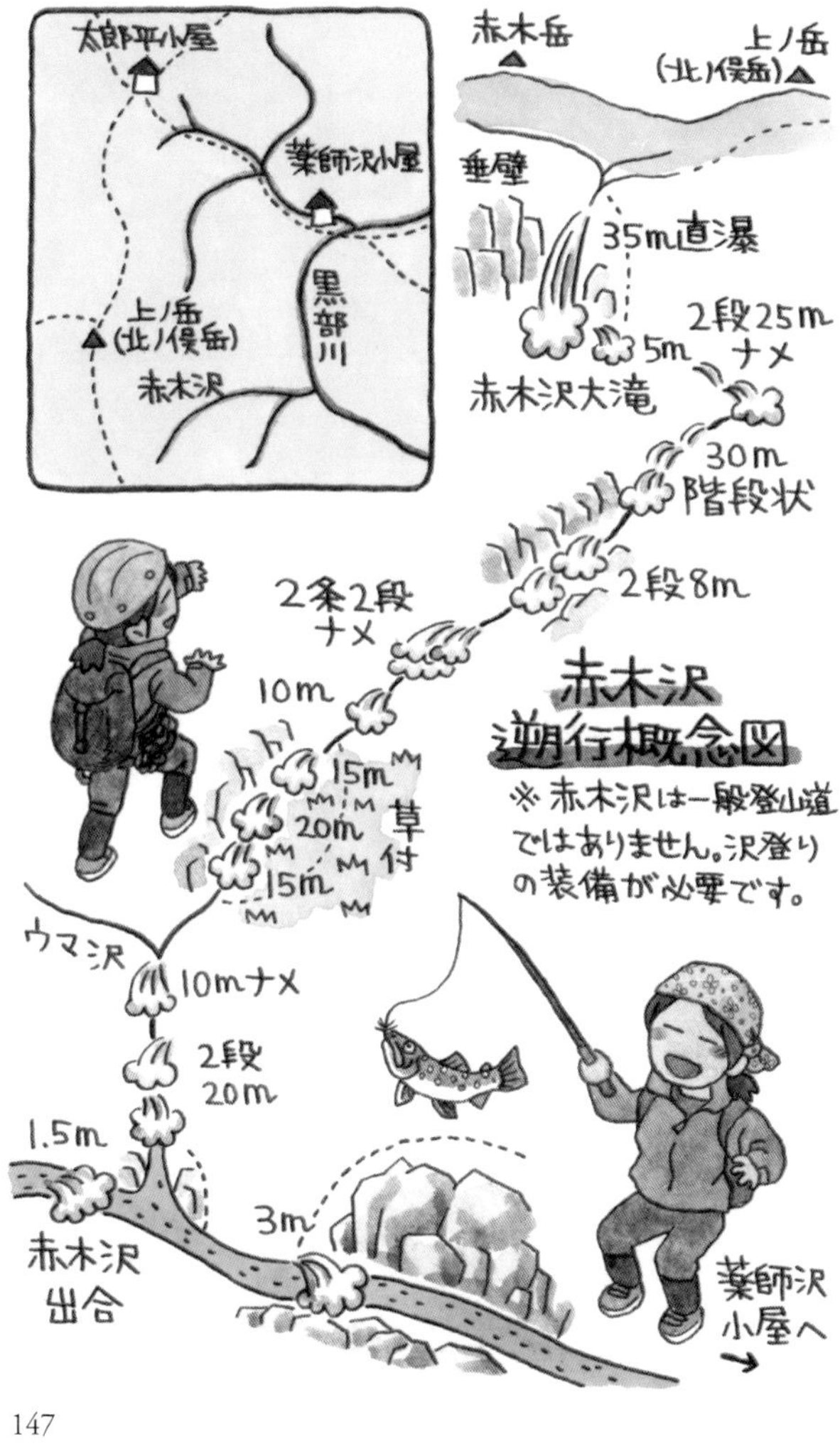

太郎平小屋
薬師沢小屋
黒部川
上ノ岳
(北ノ俣岳)
赤木沢
赤木岳
上ノ岳
(北ノ俣岳)
垂壁
35m直瀑
5m
赤木沢大滝
2段25m
ナメ
30m
階段状
2段8m
2条2段
ナメ
10m
15m
20m
草付
15m
ウマ沢
10mナメ
2段
20m
1.5m
赤木沢
出合
3m
薬師沢
小屋へ
→
赤木沢
遡行概念図
※赤木沢は一般登山道
ではありません。沢登り
の装備が必要です。

日が当たり、輝き始めた赤木沢出合。水の色がゆったりと変容していく

イワナ釣り　やまとけいこの場合
ドライフライで
テンカラ釣り
水面に流すだけで、
簡単。
竿長
3.6m
3mくらい
レベル
ライン
4.0号
ウエットフライも
たまに使います
ハリス
0.8号
80cmくらい
偏光グラス
帽子
テンカラ
竿
釣り用
ベスト
ランディング
ネット
キャンプ4
5.10
滑りにくい
毛鉤いろいろ
その日のイワナの気分に
合わせて選ぶ。アリさん
タイプは、いつでもよく釣れる。
ドライ
シェイク
仕掛け巻き
毛鉤を
浮かせる
フロータント
カディス
アント
アリさん
タイプ
アダムス
CDCダン
毛鉤を
外す
フォーセップ
ラインカッター

毛鉤を水の流れにまかせて、自然に流す
イワナに見つからないように、イワナの後方から静かに近づく
自分がイワナになったつもりで、居場所を考える
ハリは手早く外す
乾いた手でイワナを触らないようにします
イワナさん、ありがとう!!
できるだけやさしくリリースしてね!!
ごめんね!!
苦しいよ

魚飛びの滝を越えようとする遡上イワナ

産卵の季節に備えて、遡上を始めたイワナの群れ

秋、上流に産卵場所を求めて遡上するイワナ。循環する生命の営み

同居人ヤマネさん

薬師沢小屋には従業員だけではなく、ヤマネも一緒に暮らしている。ヤマネはネズミ目ヤマネ科ヤマネ属、国の天然記念物として指定されている動物だ。ヤマネを実際に見たことのある人は少ないかもしれないが、この小屋ではちょいちょい姿を現す。一見、ネズミに似ているが、尻尾《しっぽ》がフサフサして長く、背中に黒くて太い線が入っているので、違いは明瞭だ。大きさは、尻尾を除けば手のひらに収まるくらいのサイズで、ぐりぐりした真っ黒な目をしている。

夜行性なので日中は姿を見せないが、発電機が止まるころになると、厨房の中や暖かい発電機室にチョロチョロと出てくる。不用意に食べ物を出しっぱなしにしておくと、夜中に齧《かじ》られてしまうから、要注意だ。ときに寝ている私の顔の上を走り回ったり、毛布の中から飛び出してきたりして驚かされることもあるが、なんだか鈍臭いところもあり、憎めない奴だ。

これはそんな同居人、ヤマネさんたちのお話です。

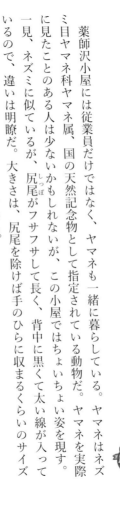

同居人ヤマネさん
ヤマネさんの出現場所はおもに厨房か発電機室
いる
何か動いた
ん？
フン
フン
ハッ
ガス台の上には食べ物のカケラが落ちている
ラッキョ発見!!
しゅたっ！
シャクシャク
シャクシャク
見られてる!!
かわいい
ジーーッ
ハッ
ターーッ
入ってきた穴
逃げろや逃げろ

あれ？
ガッ
？
あれ？あれ？あれ？
ジタバタ
？？？
えーん（涙）
ヤマネはなんだかちょっと鈍臭くて憎めない
出入り口発見
ヨーグルトに落ちていたこともあった
ん？
牛乳
ラップが破れている
何やら動いている
助けてー
やれやれ
穴あきおたま
ダーッ

ゴッシ
ゴッシ
ゴッシ
なんか違う生き物みたいになった
・・・・
ペシャン
保護した
日中白いゲリをしていたが夜になって元気になったので離してやった
ブリ
ブリ
その後しばらく、発電機室に毛がシナシナのヤマネがいたがおそらく彼だろう・・・
夜中に人の顔の上を走っていくこともある
ビクッ
ターッ
最近頻繁に行き来するなあ
ターッ
イラッ
どこかに巣でも作ったか・・・
と思っていたら
やまとさ〜ん
え〜ん
下で寝ている人のザックの中に巣を作っていた
ザック乗っ取られました〜
子ども産んでなくてよかった
木くずとか
もさ
もさ

暖かい所も好きだ
よいしょ
ガサ
ゾロ
ゾロ
ゾロ
ガサ
ゾロ
ゾロ
…
穴開けた↓
ビシッ!!
思わず
うわっ
ブチッ
ジタ
バタ
ヤマネは外敵に襲われると尾を自切して逃げる
あとから知った
体毛と皮膚だけ
こんなこともあった
天気がいいから外のテラスでお昼寝しよう♪
幸せ〜
ポカ
ポカ
おおっ
ポーッ
なんとも憎めない同居人である

毛布から飛び出て、ズボンにしがみついたヤマネ

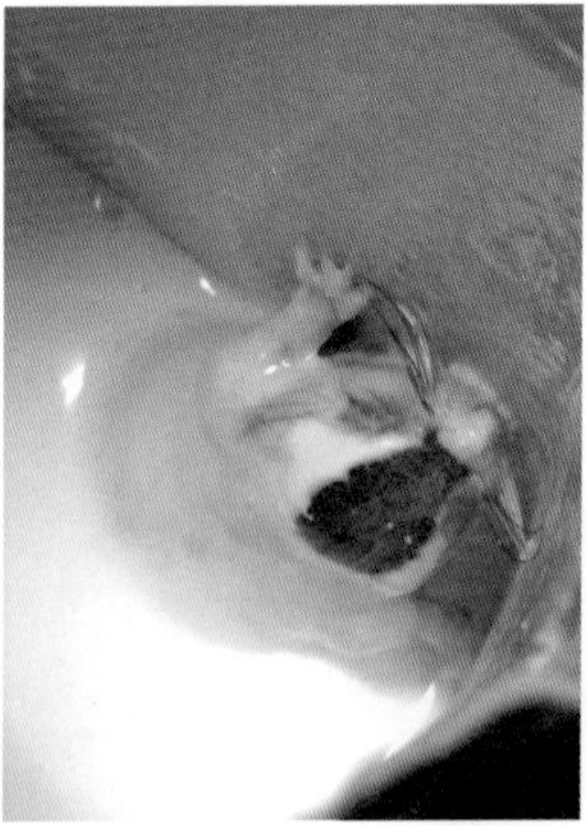

よく見たら、助けを求めるヤマネだった

ヨーグルトの中で、何かが動いている

黒部川に棲む龍神様。機嫌のよいときには、一緒に遊んでくれる

薬師沢小屋周辺に生息する生き物たち

物輸ヘリ三回目

さあ、物輸ヘリもいよいよ最終便だ。この三回目のヘリ荷の注文、とくに食料に関しては慎重になる。これまでのヘリでは多少余裕を持って注文してきたが、最終便は小屋閉めまでに、物が足りなくなっても、余りすぎても困る。缶詰や乾物などの越冬できるものはいいが、野菜や冷凍食品など越冬できないものは悩みどころだ。小屋番と頭を突き合わせ、この先の予約状況、長期天気予報、休日の日数などを考えて、客入りを予想し、注文数を叩き出す。

この注文書を出すのがお盆のころで、フライト予定が八月末。まだ客の出入りも激しく、人数の予想は難しい。正直、九月の天気なんてわかるわけがない。ただ傾向としては、七月、八月の天気がよいと、九月は天候不順。逆に七月、八月の天気がよくないと、九月に天気がよくなって人が来ることが多い。とはいうものの、最近は台風がシーズンに何度も発生したりして、この客入り予想が見事に裏切られる。まあ予想とは所詮、そんなものだ。

台風や天候不順が続くと、ヘリ会社の都合も重なり、今度はフライトが延期になる。

たいていは延期になっても、フライト予定日から一週間以内くらいには飛んでくれるが、ときには一週間以上経っても飛ばないことがある。フライトが延びれば延びるほど、ひとたび飛べば、今度は食料がだぶつく。冷凍食品は下げ歩荷《ぼっか》で下ろせば、下で使えるが、さすがに野菜はそういうわけにいかない。以前「カボチャ越冬隊」「玉ネギ越冬隊」と称して、野菜の越冬実験を行ってみたが、カボチャは完全に溶けてしまった。玉ネギは形状を保っていたので、小屋開けの食料のないころ、おそるおそる従業員で食べてみた。お腹はこわさなかったが、いまいちな味だった。ともにまだまだ試行錯誤の余地ありだ。

というわけで、秋の山小屋、野菜フェアの始まりだ。いままで使っていた、缶詰、乾物をストップして、野菜たっぷりのメニューに変更する。秋の山小屋で、やけに野菜をふんだんに使ったメニューだと感じたら、それは食料余り。逆に缶詰、乾物が多ければ、それは食料難。厨房においては、この食料調整が悩みどころでもあり、仕事の楽しいところでもある。

山の上ではそんな事情だが、下は下で大わらわなのは、容易に想像がつく。各小屋からの注文書が届いてから、あちこちの問屋に発注、必要なものは買い出しに行き、仕分けをする。在庫がなかったり、なんだかんだでとにかく大変らしい。しかもヘリ荷にするためには、荷物それぞれの重量を計測しなくてはならない。

山の運び屋さん 歩荷あれこれ
力持ちの一樹さんは、全自動
洗たく機も、軽々と運びます。
登山道整備用の
足場板とか
木材とか
バランス悪い・・・
長モノは、木の枝に
引っかかるので、うっとうしい。
軽いで
私も小屋閉め前は
余り食材の歩荷を
します。
肩が
痛い・・・
亀仙人みたい
です
薬師沢小屋の五右衛門風呂
も、かつて太郎平小屋から歩荷
で運ばれてきました。

そんな状況だから、たまに間違えて違うものが上がってくるのは仕方がない。こちらは注文書と照らし合わせて、過不足をチェックする。「ナメコ缶が四ケース来てないね」「トマト缶、頼んでないけど四ケースあるね」「ナメコ、トマト、ナメコ、トマト、うーん」。こういった場合、一文字もかぶってないけれど、おそらくナメコ缶とトマト缶を間違えている。

昔の話になるが、冷食のエビフライを七百匹注文したところ、七千匹上がってきたことがあったそうだ。きっと確認する間もなかったのだろう。しかし、ひと桁違いとは恐ろしい。従業員も最初は大喜びで食べていたらしいが、そのうちに飽きてしまい、しまいには「尻からエビの尻尾が生えてくるんじゃないか」なんて言い出す始末だった。

下の問屋さんだって大変である。さあ、今日は飛ぶぞといって、朝から有峰林道で折立まで荷物を運び、一日天候待ちで結局飛ばなかったり、そんなことが二度も三度も続くと、腹も立つことだろう。「あんたら本当に飛ぶ気があるのか」とヘリ業者に文句をいった問屋さんが、いたとかいないとか。

そんなこんなで、しまいに折立には、かわいそうな野菜が置いたままにされることがある。それが山の上に上がってきて、せっかく高いお金をかけて運んだのに、傷んで処分せざるをえなかったこともあり、さすがにそのときは、泣くに泣けなかった。

ヘリ輸送は便利なものだけれど、便利になったからといって、物事がうまくいくというわけではない。

ヘリの物輸によって、山小屋の生活は格段によくなったけれど、年々値上がりしていく高額なヘリ代を考えると、先々の物輸について転換の時なのかなと思う。個人経営の山小屋は、いままで通りヘリを使っていたら、この先とても採算が取れないのではないかという話も聞く。実際、太郎平グループでも、ヘリの回数を、ここ数年で減らしてきた。みんなでさまざまな可能性を考えている。山でもドローン輸送ができるようにならないか、なんて話も出る。いまはまだ無理でも、近い将来、実現するときも来るのではないだろうか。

魔のシルバーウィーク

　はじめてシルバーウィークと呼ばれる大型連休が出現したのは、二〇〇九年のことだった。二度目は二〇一五年、その次は二〇二六年になる。このシルバーウィークが出現するようになったのは、敬老の日が本来の九月十五日から、九月の第三月曜日に変更されたことによる。そのため、その年の秋分の日が三週目の水曜日になると、火曜日が国民の祝日になり、前の土日をつなげた五連休、シルバーウィークとなるのだ。

　この最初のシルバーウィークの二〇〇九年、北アルプス各方面の山小屋には、収容人数をはるかに上回る数の登山者が押し寄せ、各山小屋に伝説を残していった。ここまで人が集中した理由として、その年の天候が不順で、夏にあまり登山ができなかったこと、シルバーウィーク期間が好天に恵まれたこと、当時はＥＴＣ割引により、休日はどこまで乗っても高速代が千円だったこと、などが挙げられる。

　ちなみに私はこの年、山小屋には入らず、下界で働いていた。連休最終日になって仲間と、せめて槍ヶ岳にでも行こうという話になり、上高地入りして横尾までの単調な道のりを歩いていた。そして横尾を過ぎて槍沢を登り始めたころから、ゾロゾロと下りてくる登山者とすれ違い始めるようになった。すれ違ってもすれ違っても、まだゾロゾロと下りてくる。これはいったい、どれだけの人間が槍ヶ岳に登っていたというのか。

それより四日前、薬師沢小屋でも、あふれかえる登山客で小屋が悲鳴をあげていた。赤塚小屋番、就任一年目の試練だった。以下、シルバーウィークを薬師沢小屋で過ごした居候《いそうろう》さんと、小屋番の後日談から記述する。

連休初日の折立登山口は、車であふれかえっていた。折立には駐車場があるのだが、停められなかった車が、延々と路肩に駐車していく。この時点で居候さんが車を停めたのが、登山口より一キロほど離れた、折立のトンネル出口付近。ほかのお客さんの話では、登山口まで歩いて一時間かかったというから、その後も車の列は延びていったのだろう。

列は車だけではない。登山道も人の列だ。とくに最初の樹林帯の急登は狭いので、追い越せる場所が少ない。それに追い越してもすぐまた人がいる。山道の車の渋滞と一緒で、一番ペースの遅い人間のペースで全体が進んでいくのだ。急登が終わり、登山道が広くなるあたりから、ようやく渋滞は緩和。その先、太郎平小屋からは、薬師岳と薬師沢方面に人が分散する。

さて、次に並ぶ行列は、薬師沢小屋の宿泊受付の行列である。昼過ぎから始まる受付の対応は、午後の三時あたりがピーク。そのころになると、受付の行列は玄関をあふれ、登山道へとつながる。太郎平方面のやせ尾根に人が並び、そしてとうとう上部のカベッケが原に達する。カベッケが原に着いた登山客が「何の列ですか」と尋ねて、「どうも受付の行列らしいです」と聞いて仰天したという。受付一時間待ち、最後尾にプラカードでも持たせねばなるまい。

受付の列は夕食時間の五時になっても、一向に短くならない。結局、夕食は四回戦百四十三食、宿泊者百七十三人にのぼった。布団は一枚二名、乾燥室と従業員部屋も開放して、食堂にも布団を敷く。緊急事態ということで、テント装備を持っている人たちは、表のテラスと二階のテラスにテントを張ってもらった。それでも布団が足りないので、寝袋持参の人は寝袋の使用をお願いする。あまりの窮屈さに、玄関先や食料倉庫には、寝袋の人たちが転がり出た。

この初日の集団は、そのまま奥の小屋に移動する。翌日はひとつ奥の小屋が人であふれた。薬師沢小屋よりもひと回り小さい高天原山荘でも、その日は百七十人超えだった。おそらく薬師沢より、もっとひどい状況になっていたにちがいない。温泉だって裸祭り状態だろう。夜の定時交信においても「何がなんだかわかりません、以上」で終わったらしい。このとき、高天原に手伝いに行った居候のこんな話がある。「明らかに従業員のものとわかるはずなのに、自分の布団が誰かに取られてなくなっていた。自分は結局、毛布一枚しかなくて、寒くて眠れなかった。朝になって朝食の準備をしている間に、いつの間にか自分の布団がきちんとたたんで、元の場所に置かれていた。お詫びのつもりなのか、一番上にお菓子がひとつ、ちょこんと置いてあった」

秋も終わりの季節である。ここまで人が膨れ上がると予想していなかった各小屋では、こうして寝る場所はともかく、食料不足が懸念された。通常メニューの尽きた薬師沢小屋でも、二日目からはカレーライスでの対応になった。おそらくどこの小屋でも同じ状況だったのだろう。連休後半になって到着したお客さんが、「ここもカレーですか。毎日カレーですね」と笑っていたという。こういった事態のときのカレーライスは、油断していると二回戦目以降、徐々に薄まって具が少なくなっていくことがある。

食料だけではない、飲料も尽きた。とくにビールがないというのが、お客さんとしては一番がっかりするようだ。たしかに一日歩いて汗をかいて、小屋に着いたら冷たいビールを飲もう、と楽しみにしていたにちがいない。「ここにもビールがないのか」と残念がるお客さんを見て、忙しいなか、小屋番は太郎平小屋までビール歩荷に行くことにした。営業期間の長い太郎平には、まだビールの在庫があったのだ。一本三百五十ミリリットルで一ケース二十四本、四ケース計九十六本、三十四キロを運んだ。ところが薬師沢小屋に到着したとたん、ビールに気づいた登山客が押し寄せ、背《しょ》負子《いこ》のビールケースはもぎ取られるようにして人が群がった。「一人一本にしてください！」小屋番は叫ぶ。あっという間にビールはさばけ、間に合わなかったのか足りなかったのか、どこぞやのガイドが「これしか持ってこれないのか」と小屋番に吐き捨てるようにいった。「あれはひどかった」。小屋番は遠い目をする。

そんな状況においても、救いだったのは、不平不満をいうお客さんがほとんどいなかった、ということである。みんな気持ちのよい秋晴れのなかを楽しく歩き、大混雑の山小屋もこんなものかと諦め、少ない従業員が必死にやっている姿に気を遣ってくれたのだろう。ありがたいことだ。最後には「布団一枚で二名なら天国ですよ」なんていってくれる人もいた。

たしかにこのあたりだと水晶小屋などは、定員三十名のところ百四十人の宿泊があったというから、実際そうなのだろう。あの小さい小屋にどうやって百四十人、考えただけで窒息しそうになる。話によると、食堂から従業員部屋から、果てには土間までブルーシートを敷き、布団を並べて寝たという。荷物も置く場所がないから、大きいザックは全部外に出してもらい、ブルーシートをかけた。

そんな「魔のシルバーウィーク」と呼ばれた二〇〇九年から六年後の二〇一五年、連休初日の予約数は百三十人、天気予報は期間中の好天を伝えていた。シルバーウィーク初体験になる私は、戦々恐々としてこの日を迎える。小屋番から前回の反省とア

休憩する登山者であふれかえる薬師沢小屋前テラス

ドバイスをいただき、連休中はカレーライス対応。しかもカレーは一週間前から五百人分くらい作りためて、冷凍しておいた。なので仕込みはカレーの解凍とサラダくらい。強力な居候も四名いて、準備は万端。

さあ来い、と思っていたが、蓋を開けたら予約通りで、宿泊百三十人強、客食も百二十五食にとどまった。前回のシルーバーウィークを経験した登山者が、二の足を踏んだのかどうか、連休を通して、作り置きしたカレー以上のお客さんは来なかった。その後しばらく、従業員がカレーを食べ続ける羽目になったのは、いうまでもない。

ご近所さん雲ノ平

雲ノ平《くものたいら》山荘は薬師沢小屋のお隣さんだが、北アルプスは造山構造が複雑で、隣近所といえど、まるで土地の持つ雰囲気が違う。雲ノ平はかつて自然ダム湖の底だったと前述したが、その後、二十万〜十万年前に、雲ノ平火山が溶岩を噴出。ダム湖の底だった砂利層をコーティングした。溶岩でコーティングされなかった部分は、後に浸食により削られ、いまの雲ノ平の台地状地形になった。そう思って風景を眺めると、雲ノ平にゴロゴロと転がる黒い石も、溶岩台地に凛と揺れる高山の花々にも、長い長い悠久の物語を想わずにいられない。

雲ノ平へは、薬師沢小屋前の吊り橋を対岸に渡り、川原を下流に少し行くと、すぐに分岐の看板がある。この雲ノ平方面と大東新道の分岐から、標高差約五〇〇メートルの急登をひたすら登る。地形図で眺めても、実際に登ってみても、胸を突くような急坂だ。余談だが、私の美大時代の卒業制作は、この雲ノ平への急登の風景だった。油絵一〇〇号と一二〇号の大作。まさかそのときは、こうして山小屋で働くことになるなどとは、夢にも思っていなかった。何が私をここに引き寄せ、なぜいま私はここにいるのか、不思議な縁だ。それでも山歩きをしていたそのころから、私はこの苔むして湿り気を帯びた森を好きだと思っていた。

さてこの急登を登り詰めると、雲ノ平の西端、アラスカ庭園に出る。ここからは、黒部五郎岳や三俣蓮華岳方面の展望がよい。私もシーズン中、たまに広い空が見たくなると、ここまで駆け上がることがある。谷底から天上の世界に飛び出るような感じで、スカッとする。そのアラスカ庭園から、さらにしばらく木道を進むと、やがて八角形の赤い屋根を載せた山小屋が現れる。伊藤二朗さんの経営する、雲ノ平山荘だ。

二朗さんは、故伊藤正一氏の次男である。正一氏の名前を、著作『黒部の山賊』で知っている人も多いかもしれない。北アルプス最奥地の開拓者で、三俣山荘と雲ノ平山荘、それに水晶小屋を建築した。さらにこれらの小屋を建てるにあたって、私費を投じ、湯俣から三俣山荘に通ずる登山道「伊藤新道」を開通させた。しかしながらこの伊藤新道は、その後、高瀬ダムの工事による交通規制によって登山者が激減、さらにダムの貯水によって地下水圧が上がり、湯俣川の崩落が激しくなったため、通行不能になった。残念だが現在は一般登山道として機能していない。それでも二一〇〇メートルの展望台から三俣山荘の間は登山道整備が行われていて、槍ヶ岳北鎌尾根や硫黄尾根の展望を、静かに楽しむことができる。

そんな正一氏を父にもち、二朗さんは兄の圭さんと一緒に、生まれたときから毎年二カ月は山の上で育てられた。そんな彼らにとってここ黒部源流域は故郷であり、守っていくべき場所になった。山が好きで山小屋に働きに来た私とは、根本的に自然に向ける眼差しが違うなと感じる。自然とともに生きる、という感覚を強く持っている。

二朗さんのそのような思想がよく表れているものに、二〇一〇年に改築された雲ノ平山荘がある。この小屋を改築するとき、二朗さんは二百年くらいは持つ、自然と一体化する建物にしたいと考えた。それは彼にとって山小屋というものは、風景の一部であり、自然と同じように長い年月をかけて、風景に溶け込んでいくものが理想である、と考えたからだ。その時間感覚は、まさに悠久の山に生きている人のものだなと思う。

山荘に足を踏み入れ、天井を仰ぎ見ると、まずは小屋を貫く大梁《はり》に目がいく。丁寧に手斧《ちょうな》がけされた立派な木材だ。これは高瀬ダムに浮いていた流木を、許可を得て引き上げたものだという。樹齢四百年のコメツガと樹齢二百年のヒメコマツだ。構造は自然に調和するよう、日本の木造建築を軸にした。そして木の生命感や存在を大切にするため、各所質感にこだわった。意匠ひとつとっても、職人さんそれぞれの趣向を凝らしてある。間取りの空間構成は、本人が「木造帆船の内部のような立体的な面白さを感じられるようにしたい」というように、機能的かつ広々としている。

物の形は、それを取り囲む自然環境や思想、理想の反映だ。日本の物づくり文化は、この類まれな日本の自然環境の豊かさ、素材の豊かさにあると二朗さんはいう。自然から学び、自然を尊重する彼の姿勢は、山小屋で働き、物づくりに携わる私にとって、大いに共感できる部分である。

北アルプスの最奥地に広がる溶岩台地、雲ノ平。その向こうには、水晶岳が黒々とそびえている

二朗さんとも長い付き合いになってきた。初めのころはシーズンに一度、挨拶を交わすくらいだったが、いまではすっかり交流も深まった。数年前からは二朗さんの提案で、薬師沢から雲ノ平への急登の合同整備も始まり、協力体制もできつつある。経営者は違えども、ご近所さん同士で助け合うというのは、いまや都会では失われつつある、日本の厳しい自然のなかに息づいた人間関係だなと思う。山の中にいると、こういったつながりは、本当にありがたいことだ。

山の秋の実り

シラタマノキ

ツツジ科の常緑小低木。
食べると一瞬甘いが、すぐに
サロメチール、湿布の匂いが
して、びっくりする。

クロマメノキ

ツツジ科の落葉低木。
黒紫色の甘い実をつける。

アカモノ

シラタマノキと同属だが、
こちらは甘く、匂いはない。

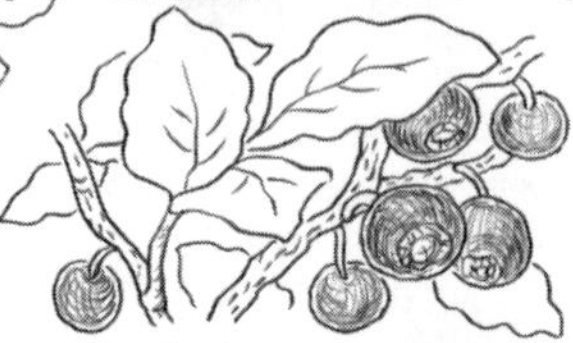

オオバスノキ

ツツジ科の落葉低木。
樹高が1mほどになる。
黒紫色の甘酸っぱい実を
つける。

秋の実りは山の動物たちの
食べ物なので、いただくのは
我慢しましょう---。

クロウスゴ

ツツジ科の落葉低木。
黒紫色の実は小さく
つぶれやすい。

秋の実りとキノコ中毒事件

十数年前に長期アルバイトで半年、太郎平小屋で働いた年があった。山小屋二年目で、太郎平小屋で修行を積ませてもらった感じだ。その秋に、従業員が摘んできたキノコで鍋を作ったことがある。結果を先にいえば、そのキノコには毒キノコが混じっていて、みんなでキノコ鍋を食べたはいいが、七転八倒の苦しみを味わった、という話である。

あのころはまだ私も無知だったから、たいしてキノコの恐ろしさも知らず、知識もなかった。ただ、地面からキノコが生えてくる、という現象に面白さを感じていた。それで散歩に出ては、その辺に生えているキノコの写真を撮り、図鑑で調べては喜んでいた。あるとき、女子部屋の古畳からキノコが生えてきたので、調べてみたら「タミタケ、食用可」と書いてあったので、試しにお吸い物にしてみた。ところがお吸い物は予想に反して黒い汁になり、私以外の人は嫌がって食べてくれなかった。

毒キノコ鍋を食べたあの日も、その程度の興味本位だった。あのときはたしか、マスターや目上の人たちが皆、休暇で下山してしまって、誰もそのキノコ鍋を止める人間がいなかった。

その日、一樹さんと男の子が一人、下げ歩荷に出ていた。その下げ歩荷の帰りに、二人は折立あたりに生えているキノコを摘みながら帰ってきた。一樹さんが「今夜はキノコ鍋や！」とうれしそうに笑って取り出した袋には、ごちゃ混ぜになった大量のキノコが詰まっていた。本来ならばキノコは種類別に分けなければ危険なので、この時点で間違っていたのだが、無知な私はそのまま「やった、キノコ鍋！」といって受け取ったのだった。

私はキノコを摘んできた男の子と一緒に、図鑑をひっくり返してはキノコを選り分けた。「ねぇ、このキノコ食べれるかなぁ？」「わかんねっす」。正直、図鑑の写真ではよくわからないところもあり、しまいには面倒臭くなって、なんとなく適当に仕分けてしまった。

もう秋も終わりの季節で、みんなちょっと気が抜けていたし、疲れていた。それで目上の人たちもいなくなって、解放感からか、妙なハイテンション状態になっていた。よくわからないキノコがたんまり入った、その怪しげな鍋を囲んで、ワクワクしていたのだ。普段は缶ビールしか飲めないが、この時ばかりと、生ビールをジョッキに注ぎ込んだ。「乾杯！」

秋の香り豊かなそのキノコ鍋の味は上々。さまざまなキノコのエキスが溶け込んだ汁も、大きなキノコも全部、おいしかった。「一樹さん、これ何のキノコですか？」「それはな、ナメコのでかい奴や。ナメコ大や！」。一樹さんは適当なことをいってニンマリし、皆もゲラゲラ笑った。「ナメコ大ぅまーい」なんて私も調子に乗り、幸せな時間は過ぎていった。

その日はお客さんが少なかったのだが、「自称語り部です」という女性がいて、「もしよければ小屋の皆さん、私の物語を聴いていただけませんか」といわれたので、キノコ鍋のあとに皆でコタツに入り、その女性の物語を聴いていた。物語はラプンツェル。ラプンツェルというきれいな娘が魔法使いに連れ去られ、塔のてっぺんに閉じ込められてしまうのだ。そして彼女の美しい歌声を聞いた王子が「ラプンツェル、ラプンツェル、おまえの長い髪を垂らしておくれ」という。すると彼女の髪の毛がスルスルと伸び、それを伝って王子は塔に登っていく。

いったいどれだけ長い髪なんだとか、それを伝って登られたら痛いでしょ、なんて笑っていたら、隣に座っていた女性従業員が、スーッと立ち上がっていなくなった。あれ、彼女、この話知ってるっていってたから、つまらなくなっちゃったのかな？なんて思っていたら、しばらくして戻ってきて、そっと私に「吐いた」と小声でいった。「えっ、体調悪いの？」「わからない」「でもみんな平気だからね、キノコじゃないと思うけど、大丈夫？」「うん」

そのときはそれだけで済んで、夜の九時になって消灯。皆それぞれ寝床へと戻った。そして夜中になって、私は生まれてはじめて、睡眠中の吐き気をもよおし、ガバッと飛び起きた。考える間もなかった。やばい、と思ってトイレに走った。扉を開けてトイレに飛び込むほんの数秒の間に、頭のなかで「どっちが先⁉」と自問自答していた。上が先か下が先か、吐きながら下痢しちゃうのと、下痢しながら吐いちゃうの図がパッと映像化され、私は迷わず下が先、を選択した。終わって振り向きざま、上。地獄絵図だった。

息も絶え絶えにトイレから這い出て、入り口のドアの前に座り込んでいたら、先程「吐いた」といっていた彼女が、真っ青な顔をして走ってきて、トイレに飛び込んだ。ああ、ひどい音が聞こえてくる。やがて彼女も私の隣に座り込み、「やっぱりキノコだよね？」と目で訴えかけてくる。私も「ああ、そうだろうね」と目でうなずく。すると今度は、一緒にキノコを選り分けた男の子が、洗面器を抱えて「ゲーッ！」てしながらトイレに向かって走ってきた。私はぼんやり、いつの間に洗面器を用意していたんだろう、とか、小屋に洗面器なんてあったんだ、とか考えながら、彼女と顔を見合わせて力なく笑った。

やがて三人でトイレの前に座り込んで、「もう一人の女の子は大丈夫なのか」「一樹さんはまだ見ないけど、どうしてるか」などと話しながら、吐き気が襲ってくると、トイレに入っては吐いた。それを夜の間中、何度も繰り返した。

結局、私は朝までに六回吐き、朝食の準備時間になっても体が震えて立ち上がれなかった。ここで賢かったのは一人の女の子。昨日の時点でキノコ鍋をやばいと思い、キノコは食べずに汁を飲んでいただけだったので、気持ち悪いけれど吐くことはなく、なんとか一人でお客さんの朝食の準備を始めていた。

すると体が大きくて、毒が回りきらなかった一樹さんが起きてきた。「あれ、みんなは？」「一樹くん大丈夫なの？　みんな倒れてるよ！」。あとから話を聞くと、なんと一樹さんは気持ち悪いけど吐かなかったそうである。うーん、強い。生き物としてこの人は強いのだな、と思った。そしてちょっぴり、一樹さんが摘んできたキノコなのに、と恨みがましくも思った。

さて、語り部の女性だが、翌日も連泊で小屋に泊まってくれた。その晩の物語は「屁こき姉さま」。キノコ毒でげっそりしながらも、なんとか日中の小屋閉め作業をこなした私たちだったが、大きな屁をブーブー鳴らす姉さまの話に、ひっくり返って大笑いした。とうとう語り部の女性まで笑い出し、「一緒に笑ってしまうなんて、まだまだ修行不足です」と苦笑した。もしかしたら、あの鍋には、ワライタケも少し入っていたのかもね。

小屋周辺で見られるキノコたち

ヤマイグチ

軸がしっかりしていて、食べでがある。炒めるとトロンと粘りが出ておいしい。

マスタケ

マツタケならぬマスタケ。毒々しいオレンジ色をしているが、幼菌はやわらかく美味。

ベニテングタケ

絵本に出てきそうな可愛い姿のキノコ。

キノコ毒は時に死に至るので、正しい知識を持って食しましょう。

ツガマツタケ!!

コメツガの木に生えるマツタケ。秋のキノコの王様。マツタケご飯が従業員の人気メニュー。

薬師沢小屋閉め

九月後半、秋分の日の連休が終わると、小屋閉め作業が急ピッチで進められる。表のテラス兼ヘリポートの解体、二階テラスの解体、部屋の畳上げ、厨房の片づけ、やるべきことはたくさんある。小屋開け作業のフィルムを巻き戻すように、日々、小屋開け前の状態へと戻っていく。今日も変わらず黒部源流は流れているのに、ここでの生活だけは今年も終わっていくのだなあ、となんだか不思議な気持ちになる。

何よりも寂しいのは、ともに過ごした仲間との別れだ。九月いっぱいで、小屋開けから一緒に生活をしてきた、中期アルバイトが下山する。また会うこともあるかもしれないし、もう会うこともないかもしれない。たいていは去るほうより、去られるほうが寂しく感じる。だが、寂しいというのは、楽しかった証拠なのだと言い聞かせる。これ以降、小屋閉めまでは小屋番と二人暮らしだ。しょんぼりする私を見て、小屋番が「すみませんね」と呆《あき》れながら笑う。

高天原山荘の営業も、私の大好きなイワナ釣りも、九月いっぱいで終了だ。十月に入ると小屋番が、大東新道の鎖場の撤去をしてくるよう、私に仕事を与える。秋晴れの黒部源流の紅葉を楽しんできなさい、という取り計らいだ。私はペンチとスパナとバール、それからカメラとお弁当をザックに入れ、いそいそと出掛ける。

例年、薬師沢小屋近辺の紅葉は、十月に入ったころが見ごろだ。キラキラと陽光の当たる斜面は、冬を前にした最後のきらめきに満ちている。枯れゆくものが美しいというのは、すごいことだなと思う。晩秋の空は高く、青く、透明に溶けていき、彼方にはうっすらとした雲の層が、ゆったりと広がっている。足元からは相変わらず、物音に驚いたイワナが飛び出してきては、目の前を右往左往している。私はそれを見て、ひとりクスクスと笑う。

大東新道の鎖場は二カ所ある。手前から鎖を外しながら進み、外した鎖をザックに押し込み、次の鎖場に進む。意外にこの鎖がずっしりと重い。二カ所目の鎖も外して袋に入れながら、デポ地に引きずる。ブルーシートにしっかり包み、雪で流されないようにトラロープで固定する。それからB沢まで移動し、登山道に上がるところに設置した看板を片づける。B沢はいつ来ても、いまにも落石が起きそうで怖い。作業が終わり次第、足早に退散する。

さて、仕事はこれでおしまい。安全地帯まで下り、お弁当を広げる。目の前には黒部川が両岸の高い壁に挟まれて、黒々と流れている。ここら辺は渓相がいいわりにイワナがいないが、秋の終わりの水量の少ないときには、遡上組の大きなイワナが浮い

小屋閉め作業あれこれ
〈テラス解体〉
雪で潰されないように、
解体。まとめてブルーシート
をかける
〈水ホース片づけ〉
重いホースをぐるぐる巻いて
束ねる
〈畳上げ〉
〈布団部屋作り〉
布団を一部屋にまとめて
詰め込む
〈雪囲い〉
雪で窓が割れたり、動物
に入られたりしないように

ていることがある。そうだ、小屋開けのころには、ここの対岸の壁に、ニッコウキスゲの群落が咲き乱れていたっけ。

しばらくぼんやりしたあと、お弁当の包みを片づけ、ゆっくりと歩き始める。立ち止まるたびに、ありがとう、ってお礼をいう。黒部の神様、ありがとう。イワナさん、ありがとう。小屋のみんなも、お客さんも、みんなみんなありがとう、っていう。私がここにいることができるのも、いさせてもらえるのも、ひとつひとつの事柄や、感謝の蓄積なのだなと思う。今シーズンもまた、世界で一番好きな場所に暮らすことができた、その幸運に感謝する。

小屋はもうすっかり小屋閉めの佇まいだ。十月の体育の日の連休が終われば、薬師沢小屋も営業終了だ。太郎平小屋からは小屋閉め作業の助っ人が一人派遣され、最後の作業が進んでいく。あれだけたくさんの料理を作った厨房も、いまはもうすっかり空っぽだ。食料は来年の小屋開けまで動物にやられないよう、厳重にしまい込んだ。やがて、すべての窓に雪囲いの板が打たれると、小屋の中は板の隙間からこぼれる、わずかな光だけになる。

午後になると、小屋番が「そろそろいいですか」と声をかけてくる。私は「たくさん汲んだから大丈夫」と答える。いよいよ水が止まるのだ。小屋周りのホース連結部を外すと、流れ続けていた小屋内の水が、ゴボゴボゴボッと一瞬うめき声をあげ、すぐに細くなって、止まる。小屋開けから三カ月半、流れ続けていた薬師沢小屋の呼吸が止まる瞬間だ。小屋内がシーンと静まり返り、外を流れる薬師沢の音が、やけにはっきりと聞こえるようになる。私の心もシンと静まり、寂しそうな音を立てる。

外されたホースは、対岸の水場から回収され、男の人二人でぐるぐると巻き、きれいにまとめて、小屋の中にしまう。その晩は、最後の残り物を温め直し、ささやかなお疲れさま会をする。いよいよ明日は引き揚げだ。

薬師沢小屋引き揚げの朝、定時交信を終えたあと、最後の点検をする。厨房、食堂、二階の個室、受付、トイレ、各所に板を打ち付ける。「少しのんびりしてから戻りましょうか」と小屋番がいう。そうしてしばらくの間、名残を惜しみながら、私はたいてい吊り橋の上からイワナを眺めて時を過ごす。「さあ、そろそろ」と皆で小屋に挨拶をしたあと、私は自分のストックを、受付の中に入れっぱなしだったことに気づく。受付はすでに固く閉ざされたあとだ。

どうしよう、まあいいか。これでまた来シーズンも来る理由ができたということにしよう。そうしてふと小屋を見上げると、薬師沢小屋も私を見下ろして、くすりと笑ったようだ。

第五章

支配人の日々

さよなら小屋番

「こんな時になんですけど…」。二〇二〇年、八月も残るところあと一週間。朝のミーティングに小屋番はふと顔を上げ、ひと言ひと言を考えるようにゆっくりと話し始めた。ああ、とうとうこの時が来たか。彼のいつもとは違う表情に何がいいたいのか気づいた私は、その先は聞きたくないとばかりに窓の外へ目を逸《そ》らした。食堂から眺める薬師沢周辺の草木は黄褐色に染まり始め、季節は少しずつ、夏から秋へと装いを変えつつあった。短い山の夏が今年も終わるのだ。そして彼はきっと来シーズンから、もうこの風景のなかにはいない。

以前からなんとなく察しはついていた。小屋番が近々、太郎平小屋に上がってしまうつもりだということは。彼が話していた家の事情、彼自身の心の事情、そのころには皆の知るところとなっていた、太郎平小屋にいる彼女との恋愛事情。仕方がない。ここは素直に受け入れるしかない。

私にとって彼が単に恋の相手であったならば、別れも心に痛手を受けるだけのことで済んだのだろう。だが実際のところ、私は長年の仕事のパートナーを失ってしまったのだ。ありていにいえば、仕事人間の私にとって、今回の別れは失恋よりもつらい痛恨の出来事だった。

まさかいまになっておんぶに抱っこのツケが回ってこようとは。私の心は先々の不安でいっぱいになり、胸がチクチクと痛んだ。その年のシーズン終わり、私はいままで一度もやったことのなかった小屋閉めの外作業を小屋番から教わり、必死でメモを取りながら、付け焼き刃で作業を覚え込んだ。翌年からはいきなり薬師沢小屋の支配人としての小屋開け。私にとっては、単にトコロテン式に押し出されただけの小屋番の座だった。

振り返れば薬師沢小屋で小屋番と一緒に働くようになって、年に三カ月の間とはいえ、足かけ十一年の歳月をともに過ごしてきた。はじめて出会ったのは彼がまだ大学生のときで、そのころ彼は太郎平小屋のスタッフとして働いていた。若者ではあったけれど、山で働く人間のなかでは、体力も腕力も決して強いほうとはいえなかった。

大東新道で合同登山道整備が行われたときも、小型発電機、燃料、ハンマードリルなどの整備道具を持った太郎平小屋からの男衆が薬師沢小屋の前を通り過ぎるなか、一番最後にアゴを出しながら到着したのが彼だった。鎖場に取り付けるための長くて重い鎖を背負い、疲れたーって顔をしてへばっていたので、冷たいカルピスを渡しながら「大丈夫?」と思わず声をかけたのを覚えている。

それがいまやどうだろう。山小屋仕事を続けた結果、小屋番といえば「眼鏡をかけたクマ」というイメージが固定化されるくらい、太腕の力持ちになった。肩回りの筋肉が隆々として、手がまっすぐ上まで上がりきらないところまでクマにそっくりだ。しかも薬師沢小屋にいたころは黒い服ばかり着ていたので、外作業で藪の中をゴソゴソしていようものなら、まさにクマそのものに見えた。

寒さにも強い人だった。夏の黒部源流水泳大会では、心臓がキューッと縮んでしまうくらい冷たい川の中を泳いだあと、皆がブルブルと震えながら濡れた体を河原の石の上で温めているのを尻目に、彼だけはいつまでも水に浸かって、平然とした様子で笑いながらカメラを回していた。

クマのように逞しくなった彼のパワーは、ときに救助活動にも発揮された。印象に残っているのは、小屋番との一年目の夏。予約数百三十人をスタッフ五人で回さなければいけないという、超大入り満員の日のことだった。厨房ではご飯の釜に火を入れたころだったか。ドスドスドスと廊下の向こうから足音が響き、ヒョイッと小屋番が厨房に顔を出すなり「救助要請です」と言い放った。「なんで今日なの⁉」私は思わず叫んだが、小屋番は飯炊きの男性を伴い、小屋を飛び出して行ってしまった。

遭難場所は、例年事故の多い雲ノ平からの急な下りの途中だった。スリップして足を痛めて動けなくなっている登山者を搬送してほしいとの要請だった。薬師沢小屋か

小屋番は力持ち!!
最高搬送重量
80kg
ぬぬ
お、重い・・・
絡まる
長いものが
お嫌い
うぉぉ〜
ブチッ!!
長い資材を持って
大東新道方面へ
登山道整備に向かう
力持ちだけど
心優しいクマちゃん
だよー
小屋閉めの際は
水ホースも一人で
片づけてしまう

ら雲ノ平へは胸をつくような急登だ。もう夕暮れも近い。出動した二人は走り出した。

厨房と受付をバタバタと走り回る羽目になった私ではあったが、時折聞こえる小屋番と太郎平小屋との遭対無線に意識を集中させていた。「事故発生現場到着、これから背負い搬送にて雲ノ平、アラスカ庭園に担ぎ上げます」。すでに要救助者を背負っているのだろうか。息を切らせた小屋番の声が聞こえてくる。頑張れ小屋番。

日没間際、食堂には満員のお客さん、厨房には二回目、三回目の食事の準備に息をつく間もないスタッフ。その頭上をバラバラバラッと救助ヘリの飛び越えていく音がした。「ヘリが飛んだ!」思わず受付の無線に駆けつけると、小屋番のいる現場上空をヘリが旋回しているものの、周囲が薄暗いのかなかなか見つけてもらえず、三時方向、十一時方向、としきりに自分たちの居場所を伝える声が聞こえてくる。どうか無事にピックアップしてもらえますように。

祈りつつも無線に張り付いているわけにもいかず、再び厨房に駆け戻る。慌ただしく時間が経つうちに、いつの間にか救助は終わり、出動した二人は、暗い山道を薬師沢小屋に向かって下り始めていた。

力仕事だけではなく、小屋番は小屋のありとあらゆる仕事をこなしていた。もちろん厨房仕事も得意だった。薬師沢小屋にいたころは厨房長の私に任せてあまり手出しはしなかったが、切り物にせよ、料理にせよ、お手のものだった。たまに気が乗ると、ピザを生地から作ってくれることもあり、このピザがまたおいしいと評判だった。

だがそんな頼りになる小屋番でも、とんでもない失敗をやらかすことがまれにあった。いくつか思い浮かぶが、そのうちのひとつが十月に入った小屋閉め最中の出来事だった。そのころの薬師沢小屋の小屋閉め作業の人員は、私と小屋番の二人だけで、外作業が小屋番、小屋内作業が私、といった役割分担になっていた。外作業は大きなものを動かしたり、高いところに登ったりと、力と危険を伴う作業が多い。私もそのことはわかっていたので、「手のいる作業のときは手伝うから呼んで」と伝えてはいたのだが、小屋番も自分は力持ちだという自負があるし、作業の手を止めてもらうほどでもないと思ったのだろう。なんでも一人で運んで片づけて、そしてとうとう私の知らない間に、裏の屋根の上から落っこちてしまった。

結果的に無傷で済んだのでよかったが、落ちてびっくりしたのか、小屋番は私のもとへ興奮した様子で報告をしに来た。「やまとさん、僕、屋根から落ちました」「えぇ！　大丈夫なの？」。いえ、大丈夫なのですが、と前置きしてから小屋番は落ちたときの状況を詳しく話し始めた。

湯ワイターを裏の屋根から小屋の中に運ぼうとしていたんですよ。そしたら足が滑ってしまい、僕、屋根の上から落ちてしまったんです。屋根と小屋の裏側の間の地面に背中からドスンッて。そしたらですね、見えちゃったんです。自分が倒れている姿が。「え？」。いまいち状況がわからない。だからですね、自分が宙に浮いていて、倒れている自分の姿が見えちゃったんですよ。「それダメだよ！　魂が出てるから！」

不思議そうな顔をしている小屋番に、私は出た魂が戻れなくなることもあるということを滔々《とうとう》と説いた。「危ないから手のいる作業のときは呼んで」と念を押し、小屋番は「はいわかりました」と素直に聞き入れて作業に戻ったが、私はいつまた小屋番の魂が出てしまうとも限らないと思い、ヒヤヒヤしたものだった。

最後に小屋番の苦手なものについてお話ししよう。本人曰く、とにかく絡まるものが嫌いなのだそうだ。例えば乾燥室にぶら下がっている針金のハンガー。お客さんが濡れた靴下や手袋を掛けるのに、グニャグニャと曲げてそのままほったらかしにしていると、「普通、人の家のものをこんなにして、そのまま帰りますかねぇ」とブツブツいいながら、丁寧に一本一本元の形に戻している。なんでもそのままだとハンガー同士が絡んでしまい、イライラするらしい。

紐やコードなど、長いものもいけない。絡まると頭に血が昇り、我を忘れてブツリと切ってしまう。渓流釣りの聖地ともいわれる黒部源流で彼が釣りをしないのも、ひとえに糸が絡まるから、というただそれだけの理由に尽きる。まあ、その釣りに行かない小屋番のおかげで、私は気兼ねなく釣りに行けていたのだが。

小屋番は絡まった糸をほどくのが苦手。物理的な絡まりは苦手だが、絡み合った人間関係をほどくのは嫌いではないらしい。癖のある山小屋スタッフ同士の不和や価値観のずれに対し、彼はそれぞれの人間の機微を読み取り、絡み合った関係を細やかに解きほぐしていく。上からの信頼も厚いし、中間管理職としての才能は抜群だ。

また小屋番は人を大切にする人でもある。とりわけスタッフと常連さんにはいつも感謝の気持ちを忘れなかった。彼がいた十二年間でつくった薬師沢小屋の大きな財産は、この人間関係といってもいい。おかげで薬師沢小屋には、いまでも毎年のように元スタッフや常連さんが訪れてくれる。赤塚小屋番から受け取った大切な小屋のバトン。私もいま、悩み迷いながら、ここ黒部源流で走り続けている。

一年目の苦難

二十年前、私が山小屋の仕事を始めた最初の年。はじめて体験した記憶というものは、いつまでも脳裏に残るものだ。テンカラ釣りを教わり、毛鉤でイワナを釣ったこと。天地を揺るがすような黒部川の増水と濁流。小屋をビリビリと唸《うな》らせるヘリコプターの物資輸送。ハイシーズン、消灯後にセッセと作ったお弁当。怒られてしょげたり、忙しくて嫌になったりしたこともあったが、ここに来れてよかった、と思える思い出深いシーズンになった。

山小屋の仕事は楽しい。やめられない魅力のある一方、続けることで生じる痛みもある。山小屋だけではない。どこの世界に行っても続けるということは同時に苦しみを伴うものだ。私も散々打ちのめされて、いまでこそ「苦しいときは成長中」と思えるようにはなったが、痛みの最中にいるときはやはりつらい。だがつらくとも、楽しかったときの思い出が自分自身を支えてくれる。弱さと向き合う勇気をくれる。だから私は常々思うのだ。新しく山小屋アルバイトに入ってくる人には、心の底から山小屋生活を楽しんで、充実した時間を過ごしてほしいと。

薬師沢小屋支配人として一年目のシーズンが始まった。一人は昨年から引き続きで二年目のスタッフ、もう一人は山小屋アルバイトがはじめてのスタッフ。はじめての彼は薬師沢小屋に到着するなり、黒部源流の美しさと威厳に圧倒されたか、お尻丸出しで川に飛び込み大はしゃぎした。眺める私も思わず声をあげて笑った。黒部の神様、どうか彼の笑顔がシーズン終わりまで変わらずここにありますように。

二〇二一年、世界はコロナ禍のただ中にあった。南アルプスでは営業を見合わせる山小屋も多いなか、太郎平小屋グループでは完全予約制という形での営業を決定した。マスクの着用、シートの間仕切り、アルコール消毒、寝袋の持参、換気の徹底。すべてが手探りだった。はたしてこんな対策くらいでコロナの猛威を防げるのだろうか？

コロナ一年目という空気のなかでも山小屋を訪れるお客さんは、おおむね大らかな人が多く、皆口をそろえて「人が少なくていい」「こんなにゆっくりと山小屋を利用できるのははじめて」と喜んでいたが、なかには「個室じゃないと困る」「同室の人がマスクを取ってお喋りをしている」などの要望やクレームもあり、対応に気を遣った。そのシーズンは運よく、薬師沢小屋でのコロナ感染者は出なかったが、同じ山域で従業員が感染したとの話を聞いた。あとになって関係者に話を聞くと、宿泊者への連絡だけではなく、誹謗《ひぼう》中傷の電話対応に追われ、神経を削られたとのことだった。

この年の薬師沢小屋のお客さんの総数は、前年比マイナス二十六パーセント。いつまでこの状態が続くのか。この先、山小屋の営業はどうなっていくのだろうか。一従業員として不安ばかりが募った。

そんななか、小屋内でひとつの事件が起こった。どう勘定しても売上の計算が大幅に合わないのだ。どうしよう。売れた品物の付け忘れで帳簿よりもお金が多いことは日常的にある。だけど七万円も足りないのだ。まさか盗まれた？　いや、でも私の数字に対するセンスは相当危うい。高校の数学で零点を取って、廊下で教師に捕まって説教されたことがあるくらいだ。帳簿の付け間違いなのではないか？

何度も、何度も台帳を見直し、計算機を叩いた。ダメだ、わからない。私は少しずつ、盗難の可能性について考え始めていた。たしかに受付の外側からも手を伸ばせば届く場所に現金がある。大きなお金はすぐに金庫にしまうように指示はしていたが、しょっちゅうお金が外に出ていた。人手が足りなく、受付に人がいないときは「用事のある方は厨房に声をかけてください」と張り紙を出していた。宿泊者ではなく、通過のお客さんかもしれない。とにかく証拠があるわけでもなし、ただお金が足りないという事実だけが目の前にある。

翌朝、私は朝のミーティングで皆にことの次第を告げ、さすがに無線一本で済ませるわけにもいかないと思い、太郎平小屋まで直接五十嶋マスターに謝りに行くことにした。私の突然の来訪にマスターも少し驚いていたようだったが、いつもと変わらぬニコニコとした笑顔で部屋に招き入れてくれた。「どうした?」。私はまずお金が足りなかったことを詫び、帳簿の付け間違いなのか、盗難なのか、それから仮に盗難であったとした場合の状況の説明をした。マスターは私が話を終えるまでうなずきながら聞いていたが、聞き終えると私の顔を見て、「そうだな、盗難だったかもわからんな」といった。そして「それでも絶対にスタッフを疑っちゃあいかん。スタッフを疑ったらダメだ」と付け加えた。

どうしてマスターは私が決してそこに触れていないのに、私の心のモヤモヤのありかを見抜いてしまうのだろう。私がマスターに一番いって欲しかった言葉がわかるのだろう。不意をつかれた私の目からは、思わず涙がポタポタとこぼれ落ちた。「ありがとうございます」そういうだけで精いっぱいだった。マスターの「人を大切にする」という心がうれしかった。

晴れ晴れとした気持ちで薬師沢小屋に戻った私ではあったが、日々はその後も順調というわけにはいかず、困難を伴った。スタッフの人間関係がギクシャクとし始めてきたのだ。皆が自分の価値と正義を通そうとしていた。どうすることもできなかった。誰もが懸命に生きているのだ。「仲よく仕事をしてね」なんて白けた言葉は、皆の心には届かず、上っ面を無意味に流れていくだけだった。こんな時、小屋番ならどう対応していただろう。

毎日少しずつ、皆の顔から笑顔が消えていった。小屋内には重苦しい空気が澱《おり》のようにたまり、私の心も確実に疲弊していくのがわかった。そして九月の終わり、はじめての彼は、笑顔を取り戻すことなく山を下りた。


仕事の管理、お金の管理、人間関係の管理、自分自身の心の管理。私の知らないところで小屋番は、きっといろいろなことを考えていてくれたのだろう。自分がその立場になってみて、はじめて分かること、至らないことの多さに気づく。

薬師沢小屋支配人になって、一年目の夏がようやく終わった。なんとか小屋閉めを終え、太郎平小屋に戻ってきた私を、小屋番は玄関まで迎えに出てくれた。やっとこれですべてが終わったのだ。すでに安堵感で涙目になっていた私は、小屋番に「いままでごめんなさい。大変だったよ」と頭を下げた。いきなりのことに小屋番は「おっ」と少し驚いた表情をしたが、すぐにいつもの調子に戻り、「お疲れさまでした」といって優しく笑いかけてくれた。

ヘリポートづくり

本当にできるかしら？　まだ所々に残雪の残る登山道を踏みしめながら、私は今年初めて山小屋のアルバイトに入るコースケと一緒に、シーズン前の薬師沢小屋に向かっていた。薬師沢小屋の営業開始は例年七月一日で、物資輸送ヘリは早ければ直後に飛ぶから、その前にヘリポートを設置しておかなければならない。だが小屋開けをしてからでは設置の行程が厳しいので、通常は小屋開け前に先陣隊が小屋へ行き、ヘリポートの土台部分の櫓《やぐら》をつくってしまう。櫓さえ組んでおけば、あとは小屋開けをしてから上に板を載せるだけだ。

支配人一年目の年は、太郎平小屋勤務に変わった小屋番が一緒に来てくれたので、私はいわれた通りふんふんとうなずいて櫓づくりの作業をした。二年目も太郎平小屋に小屋番がいたので当たり前に一緒に来てくれるものだと思っていたら、「じゃ、やまとさんとコースケで」といわれ、思わずコースケと二人で顔を見合わせた。まあコースケは新人とはいえ、今シーズンの薬師沢小屋スタッフなのだから、当然といえば当然か。

「大丈夫かなぁ」「まあ、やってみましょう」。小屋前の更地を前に、私は支配人としての威厳ゼロのまま、コースケと二人で作業に取りかかり始めた。

薬師沢小屋前にヘリポートを設置するようになったのは、いまから十六、七年前で、私が薬師沢小屋に入った当初はまだヘリポートはなく、小屋下の更地に木のテーブルとイスが並べてあるだけだった。当然ヘリ荷も小屋下の地面に置かれたので、小屋内まで荷物を運ぶのに小さな石段を何度も往復せねばならず、労を要した。なので櫓を組んで床面の高さを小屋と同じレベルまで上げたというのは、実に画期的な出来事だった。

その代わりといってはなんだが、ヘリポートの設置と撤去という負担は増えた。ならば土台の櫓をしっかりつくっておいて、冬の間は上面の板だけ外しておけばよいのでは?という意見もあったが、なかなかどうして、そういうわけにもいかない理由がある。

一番の理由は冬の積雪の多さだ。北アルプスの冬、黒部源流の谷底にある薬師沢小屋は屋根の上までスッポリと雪に覆われる(一度でいいから見に行ってみたいものだ)。春先、ギッチリと硬くなった雪が上から順番に融けるわけではなく、日の当たるところ、沢水の流れているところから先に融け始める。このとき櫓にいったいどんな負荷がかかるか想像もつかない。小屋を傾けるくらいの雪の圧力だ。試しに建てたままにしておくには、リスクが大きすぎる。雪が融けてから、櫓が倒れてひしゃげていましたでは、ヘリの物輸にも間に合わない。

もうひとつは薬師沢小屋が建っているのは国立公園内なので、ヘリポートを常設するには、新たに国の許可が必要になってくるという点だ。櫓を勝手に建てっぱなしにして下山するわけにはいかない。理由はそんなところだ。

さて、いまでは単管（鉄パイプにメッキ加工を施した鋼材）を組んでつくるようになった櫓だが、以前は丸太を組んで箱番線（工事現場で足場の結束に使う先がひねってある針金）で縛って櫓を組んでいた。長い丸太は相当な重量なので、なかなか大変な作業だったにちがいない。それに丸太は木でできているので、当然のことながら腐ってくる。とくに冬の間、地面に積んでシートをかけたまま置きっぱなしの状態がよくない。

私も小屋番の手元で丸太の櫓組みを手伝ったことがあるが、「長い丸太を取ってください」といわれ、長い丸太を選んでヨイショと引っ張った途端、丸太が腐っていて途中からボキリと折れてしまったことがある。「小屋番！　折れて短くなっちゃった！」と叫ぶと、つくりかけの櫓の上で小屋番はケタケタ笑っていたが、笑いどころではない。どうするの？

番線の使い方
例
長さ70cmくらい
1、丸太に番線をかける
しの
番線を締めるための道具
2、しのを使ってグルグル巻く
力まかせに番線を巻くと切れます
ブチッと
ギュッ
何事も適当にね
3、ギュッと締まったらOK!!

小屋番は器用に丸太をつなぎ合わせたり、補強したりしながら櫓を組んでいたが、毎年継ぎはぎだらけになる櫓を眺め、何か思案しているようだった。「また新しく丸太をヘリで上げなくちゃね」私がいうと、うーん、と考えながら「単管に替えますか」と答えた。それはいいね、と私もすぐに賛成し、それから小屋番はヘリの物資輸送のたびに少しずつ単管を注文しては、丸太と入れ替えていった。どうしていっぺんに替えないのかと聞くと、いっぺんに替えるとお金がかかってしまいますからね、と教えてくれた。なるほど、新しいものを注文するときは、予算枠を考えなくてはいけないのか。こうして現在の単管方式の櫓ができ上がった。

さて、私とコースケは額を寄せてスマホの小さな画像を眺め、いかにして単管を組めばいいかを検討していた。去年組んだ櫓の画像が十数枚。それと私のおぼつかない記憶とメモだけが頼りだった。いや、支柱に番号だけは振ってあった。「せめてプリントアウトしておけばよかったですねぇ」。コースケがハアーッと大きくため息をついたが、「大丈夫、なんとかなるよ」と私は自分自身を勇気づける言葉を声に出し、とにかく単管を組んでみることにした。

地面のレベルがバラバラなのと、完璧に水平、垂直、直角が出ていないこともあり、途中で単管が斜めになってしまったり、それを直すのに大幅に時間がかかってしまっ

ヘリポートをつくろう!!
水平出てます？
う〜ん
1, 単管を組む
丸太は番線で縛ります!!
2、上面に丸太を載せる
3, 床板を置いてビスを打つ
この辺？
もうちょい手前かな？
4、手すり、ベンチを取り付ける

たりしたが、二日間かけてなんとか櫓は組み上がった。「やった！　奇跡！」「いやー、いいじゃないですか」。仕事でも遊びでも、できなかったことができるようになるのはうれしい。私とコースケは顔を見合わせて笑った。まだ人のいない黒部源流は雪解け水も相まって轟々《ごうごう》と盛大に流れ、洗われて白々と輝く花崗岩が、はしゃぐ私たちを眺めながらニコニコと笑っているようだった。

後日談。ヘリポートに板を載せ、ああでもない、こうでもないと手すりやベンチの取り付けに奮闘する私とコースケを眺めていた通りすがりの登山者が、見ていられなくなったのだろう。ここの手すりは上げたほうがいい、電動ノコギリはこうやって使うのだ、と口も手も出し始めた。「先生！」私たちは笑いながら見ず知らずの男性をそう呼んだ。手伝ってくれる人は神様。こうして先生はなぜか私たちと一緒に作業を続けるはめになり、無事ヘリポートは完成した。

山に来ると人は不思議なもので、困っている人を見ると助けてしまいたくなるようだ。黒部の神様の魔法だろうか。困っているときには必ずといっていいほど助けが入る。おかげで小屋番がいなくなり、頼りない支配人になったいまでもなんとか、薬師沢小屋は健在でいられる。私も皆さんにしていただいた恩は、違う形でいいからきちんと周りに返していきたいと思う。

外作業

山小屋でいう外作業とは、おもに登山道整備、草刈り、小屋周りの整備・修繕を指す。基本的に力のいる外作業は男性の仕事で、女性は小屋内での作業がほとんどだ。私も以前はお弁当を作って「行ってらっしゃい」と送り出す側だったが、近年男性スタッフが少なく、薬師沢小屋の支配人になった経緯もあり、外作業をする機会がグンと増えた。しかし私はすでに、人生もそろそろ半世紀を迎えるという年齢だ。正直なところ、いまさら力仕事?というのが本音でもある。だが、やるしかない。

外作業のなかでもハイライトとでもいうべき作業が、橋の架け下ろしだ。作業は例年、太郎平小屋にいる長期スタッフで行う。太郎平小屋から薬師沢小屋の間には、第一徒渉点、第二徒渉点、第三徒渉点と三カ所に橋が架かっているが、冬の間は雪の重さで橋が潰れてしまうので、シーズンが始まる前に橋を架け、シーズンが終わると撤去をする。この橋が木材にFRP樹脂でコーティングを施したもので、また重い。

とくに第二徒渉点の橋は長く、木材一本を男手四、五人で運ぶくらいの重量だ。蛇籠は川の真ん中には橋桁代わりの蛇籠が二つ組んであり、ここを中継して橋を渡す。蛇籠はたびたびの大増水にもまれ、いまやひしゃげて高さが足りなくなってしまったが、木道の切れ端や丸太を積んでかさ上げをしながら、毎年なんとか橋を架けている。重たい橋を担ぎ、川をバシャバシャと渡る男性陣は本当に頼もしい。

渡す木材の数は一組六本。バラバラの木材に長いボルトを通して、橋を一体化させる。ボルトも穴が少しずれただけで入っていかないから、前後左右と微妙な位置調整をしながら木槌で叩いて入れる。これが三カ所。橋がつながったら、増水で流れないようにロープでバックアップを取り、固定。私などはここまでで一日分の体力を消耗したような気分になるが、次は第三徒渉点に向かう。

第三徒渉点の橋の木材は、十メートルほど上の高台の木道上に置いてある。高台の下に置いておくと、橋の架かる場所が少し谷になっているので、木材が残雪に埋もれてしまうのだ。雪の中から掘り起こすよりは高台から運ぶほうがマシ、というわけだ。だがこの橋の木材、第二徒渉点のものより短いとはいうものの、一本軽く六十キロはある。これを前後二人で高台から下ろす。

私も皆にならって最初は肩に担ごうとしたが、さすがに男性とは肩回りの筋肉の付き方が違うようだ。とても担げない。仕方がないので両手で抱えて後ろについた。先頭はヒョイヒョイと下りていくが、後ろの私は長い木材に振り回されながらオットットと、うっかり転びそうになる。こちらは橋桁の中継が一カ所なので、計十二本。二組四名で六往復だ。非力な私の腕が「ちぎれる！」とばかりに悲鳴をあげた。

最後に第一徒渉点。こちらの橋はさらに短いので、いつも各小屋に人が散ったあと、太郎平小屋の中期スタッフだけで架けている。なので、私は橋架けではなく、橋下ろしの作業にしか行ったことがない。だが短いとはいえ、持ってみたら三十キロは超えている。おお、重い。ヨタヨタと抱えたら、「そんなに重そうにしなくていいから」と意地悪をいわれムッとしたが、重いものは重い。一本目をなんとか運び、二本目を持つが、力が入り切らない。またしても「ほら、そんなに重そうにしなくていいから。一人で運べるだろ」となぜか意地悪をいわれ、何クソと抱えるが、取り落としてしまった。

さすがに見かねた他のスタッフが「手伝いますよ」と声をかけてくれたが、そんな意地悪をいわれて一人で運ばないわけにはいかない。力を振り絞り二本目を運び、ついでに頭にきたから、最後に意地悪をいったその人に向かって木材を放り投げた。「おおっ」といって避けていたが、それでちょっとスッキリした。

それにしても、ああ。自分がもっと力持ちだったら。もしも私が男だったら。いまの私では、ただ腰が砕けないように作業をするだけで精いっぱいだ。こんなことで、いったいあと何年山小屋の仕事を続けられるのだろう。ここにきてようやく自分の山小屋生活の終わりを感じ、少し寂しい気持ちになった。

第二徒渉点橋架け作業

第三徒渉点の橋は高台から下ろさなくてはいけない
待って〜
いま手伝います
いいいっっ
意地っ張り
第一徒渉点の橋は一人で持たなくてはいけない（らしい…？）

薬師沢小屋に移動して小屋開け作業がひと区切りつくと、今度は登山道整備が始まる。まず真っ先にやるのが大東新道方面の整備で、岩場の鎖付け、ハシゴの補修、看板の設置、草刈りがおもな作業になる。登山者が来る前に鎖だけは取り付けておかないと、増水時の通過が心配だ。作業が多く一日仕事になるので、朝からお弁当を持って二人で出掛ける。

大きな声ではいえないが、いまや薬師沢小屋の外作業の主導権は支配人の私の手の内にある。つまり責任が生じる代わりに自由も手に入るということだ。バール、ペンチ、番線、草刈り鎌、諸々の道具を持ち、私は最後にこっそりとザックにテンカラ竿を忍ばせる。なにせ支配人たるもの、今シーズンのイワナの動向もわからぬようではお話にならない。これも仕事のうち……。まあここでは休憩時間に二、三投するくらいの話にしておこう。

大東新道の鎖場は岩がもろい部分もあり、鎖を信用してテンションをかけすぎると、支点が壊れることもある。正直なところ、鎖にはあまり頼ってほしくない。だとしたら取り付けないほうがいいのではないかとも思うが、持っているだけで感じる安心感というものもある。判断が難しい。

危ない箇所だから取り付ける鎖ではあるが、使う人間はもとより、何もない状態で作業をする人間はとくに気をつけなければならない。新人にはいつも「絶対落ちないように」といってあるが、実は私自身が落ちそうになったことが一度だけある。落ちても死なないくらいの高さには見えるが、実際に落ちて亡くなった人もいるので、もしあのとき落ちていたらと思うと少し怖い。

その時私は一人で鎖の取り外し作業をしていた。岩棚の上でかがんだ状態で作業をしていて、支点から鎖を外した拍子にバランスを崩し、フワッと体が川側に傾いた。ヤバい！と思った瞬間、なぜか私の体はグイッと何か背中側から強い力で岩棚に引き戻された。えっ？　再び崖に張り付いた私は、思わず周りをキョロキョロと見回した。だが誰がいるはずもない。不意に私の胸に「守られている」という想いがあふれ、得体の知れぬ力に不思議を感じずにはいられなかった。山にいると、まれにそんなこともある。

大東新道は、B沢から山道に入る斜面の草刈りも大変な作業のひとつだ。シーズン始めの生命あふれ返る斜面には、人の背丈を超えるミヤマシシウドが乱立し、いったいどこが登山道なのかまるでわからない状態になっている。本当は草刈機を持っていけば作業も楽なのだが、薬師沢小屋からB沢まで草刈機や燃料を運ぶのも大変なので、私はいつも草刈り鎌で済ませている。

ザクザクザクと盛大に草を刈り払うと、足下からウド特有の野生味あふれる香りがブワッと立ち昇る。刈っては束ねて斜面に放り、と作業を繰り返しているうちにやがて腰が痛くなり、グーッと体を伸ばして後方を眺めると、自分の後ろに道ができているのが見える。草刈りは作業をやった分だけ形になるから、やりがいがあって面白い。

面白いは面白いのだが、そういっていられるのは、シーズン初めと秋の涼しい季節に限る。盛夏に草刈機を藪に突っ込んでみようものなら、蚊やらブヨやら、黒くて小さい羽を持った虫の大群に凄まじい襲撃をくらい、気が狂いそうになる。長袖、長ズボンにサングラスで防御はするが、片手で虫を払いながら、蒸し暑くて鬱陶《うっとう》しくて、実に面白いどころの話ではない。

ほかにも登山道整備は枝打ち、倒木切り、マーキングなど、きりがなく、設置から二十年以上経つ木道の傷みも、山小屋の力だけでは手の施しようのないところまで来ている。数年後に修繕の話はあるが、それまでにまた何件の事故が起こることか。加えて営業が本格的に始まれば、作業に費やす時間はほぼないといってもいい。頭を悩ませるところだ。

歴代の薬師沢小屋支配人の面々は、どうやってこの終わりのない外作業をこなしてきたのだろう。山小屋としての責務を維持すること。それすら私にとっては誰かの手を借りてようやく、こなしているといえるのかどうか。力不足に歯噛みする思いのまま、支配人三年目の夏が終わった。

大きなカブ
抜けたよ
シーズン初めのことでした
ドーーン
カベッケが原に巨大倒木が!!
くるっ
コースケ、チェーンソーって使ったことある?
ありません
う〜ん
だよね〜
……。
混合比は
いくつだっけ
前に練習で細い木切ったことあるから
たぶん
大丈夫
そこへ夏山パトロールの面々が到着
おおっ、手伝いますよ!!

すごーい
すごーい
ドドドドドド
あっ!!
ギュイイイイ〜
ガギッ
だめだ、抜けんわ
持ち上げてみますか
くそ〜
はいっ!!
やまとさん引っ張って!!
せーのっ
うおおおおおお〜
スポーン!!
きゃ〜
ゴロン
アハハハハ
とうとう大きなカブは抜けましたー!!
とりあえずよかったー
ハアハア

新人を抱えて

　私自身、長いこと薬師沢小屋の厨房長としてやってきたので、小屋番がいなくなってから、さて受付の仕事はどうしようかと考えあぐねた。さすがに受付の仕事は私にもできる。しかし突然始まるハイシーズンの厨房仕事をいきなり新人に任せられるかどうか。かといって受付の仕事は宿泊者の受付だけではなく、売店、帳簿付け、登山者からのさまざまな質問、無線の対応など煩雑だ。しかも一人でこなさなければならないので、多少の経験がないと難しい。

　支配人一年目は経験者に受付に入ってもらい私は厨房に立ったが、二年目からは私以外すべて新人。まあ厨房の仕事はやっているうちにできるようになるだろう。食材の発注は私がやればいいし、在庫や野菜の管理はまめに確認すればいい。正直にいうと、私は厨房の仕事が好きなので、受付を誰かに任せたいところではあったが、思案の末、厨房は新人に任せることに決めた。

　小屋開けから海の日連休の始まる短い期間に、野菜の切り方、調理の仕方、圧力釜でのご飯の炊き方、味噌汁の作り方、配膳、片づけ、皿洗い、食事の入れ替えなど、厨房作業のありとあらゆることを新人に覚えてもらう。いままでまともに包丁を握ったことのない男性などは、目を白黒させているが、頑張ってもらうしかない。

教えるというのは難しい。伝えたと思っても、お互いに持っているイメージが違うことが多々ある。例えば「味噌汁に入れるネギを切って」というだけでは足りなくて、これではぶつ切りネギが出てきても文句はいえない。正確には「味噌汁に入れる薬味用のネギを輪切りで切って。輪切りはできるだけ薄く」。最初はこのくらいいわないと伝わらない。たいてい下の人間ができないときは、上の人間の伝え方が悪い。

私も厨房を離れる以上、もっと細かなマニュアルを作るべきかとも思ったが、マニュアル通りにやる厨房作業がはたして面白いのかとも考える。ある程度教えたらみんな大人だし、そのシーズンのメンバーでよりよいやり方を見つけていったほうがやりがいあるのではないか。キッチリカッチリ教えるのが面倒臭いというところもあり、ひと通り教えたらあとは実践。適当に任せることにしている。その代わり失敗しても怒らない。

そんなわけで厨房も初めのころは作業の流れが悪く、時間が読み切れずに食事の提供時間が間に合わないことがよくある。食堂からずらりと廊下に並んだお客さんが受付の前まであふれて「まだかしら」なんて立ち話をしている。一分、二分、三分。五分も過ぎてくると、私のほうまでソワソワしてくる。「すみません、まだ新人ばかりで慣れていないものですから」と困ったような笑顔でフォローを入れる。お客さんに申し訳ないのはもとより、面倒を見てあげられない厨房の新人にも申し訳ない。

生真面目なスタッフは食事の時間に間に合わなかったことを気にしてしまうが、私は大丈夫だという。やっているうちに間に合うようになるし、たかだか食事の時間が五分、十分遅れたくらいで誰も死にはしないからと。実際、私がガタガタいわなくても、厨房は厨房のスタッフ同士で話し合ったり工夫したりしながら、次第にスムーズに食事を提供できるようになってくる。頼もしい限りだ。

さて厨房を新人に任せて受付に入った私のほうはというと。薬師沢小屋の受付は実にマルチタスクを必要とする仕事だ。受付をしながら売店のお釣りを渡し、トイレどこ？から明日の天気はどうですか？の質問に答え、無線で予約の追加が入れば部屋割りを変更し、水槽にコーラが入っていないとかコーヒーを淹れていただけますか？の要望に対応し、サインしてくださいから写真を一緒に撮ってもいいですか？　いや、これはありがたいことだった。

とにかくお客さんの対応をしているうちに、私自身訳がわからなくなってくる。宿泊のお金をもらい忘れそうになったり、売店のお釣りを渡し忘れたりとミスが増える。言い訳にしかならないが、前にも書いたように私は数字にめっぽう弱い。あれやこれやとやりながら、しまいには、たいした計算でもない食事の数まで間違える。気づいて慌てて厨房に飛び込み、「すみません、食数間違えました。ひとつ追加でお願いします」といったときに一瞬凍りつく厨房の空気。本当にごめん。

何度かそんな食数違いや弁当の数違いが発生したあと、厨房の新人が時折受付に顔を出しては、スマホで台帳の写真を撮っていくようになった。二重チェックというわけだ。賢い新人たちのおかげで、食数の間違いはほぼなくなった。ここまで来ると、今度はこちらのほうが見習わなければならないなと感心する。成長したものだ。

新人を抱えたシーズンはたしかに大変ではある。とくにシーズン初めはお互いに会ったばかりでコミュニケーションは手探りだし、気疲れもする。何もかもがわからない状態からのスタートだから、教えるほうも覚えるほうも目いっぱいだ。人にもよるが、最初の二週間くらいが新人の踏ん張りどころかなと思う。皆が仕事に慣れて仲間と楽しく過ごせるようになれば、そのシーズンは成功したようなものだ。それに大変なことばかりではない。いいことだってたくさんある。

新しい人が来てくれるおかげで、私は同じ場所にいてもなお新鮮な驚きに巡り合える。黒部源流の透明な水やその冷たさ、はじめて釣るイワナ、水泳大会。屋根の上に広げた布団にはしゃぎ、愛らしいヤマネの姿に満面の笑みを浮かべる。焼き鳥パーティー、たこ焼きパーティー、餃子パーティー。何もかもが彼ら、彼女らにとっては初めての体験だ。その感動を共有することで、私にとってもたしかに、ひとつひとつの出来事がはじめての瞬間なのだということに改めて気づかされる。

新しい空気が入るのもよい。当たり前に使っていたもの、やっていたことを、よりよくする目を持っているのも新しく来た人たちだ。彼らの提案で変えたものはいくつかあるが、もっとも大きな変更は消灯時間だった。薬師沢小屋の消灯時間は二十一時なのだが、お客さんを詰め込んでいたコロナ禍以前は、それでも仕事が終わらない日があった。だが完全予約制になったいま、忙しい日に仕事を終えて従業員が夕食を食べても、二十時にはなんとか終わる。消灯時間の二十一時まで誰かが起きている必要はない。

二十時になったら、ほとんどのお客さんは寝床に入っている。だが電気がついていればお酒を飲んで騒ぐ人もいる。消灯すればみんな寝てくれるし、私たちも早く休めるではないか。これは画期的な提案だった。それに……。朝から晩まで一日働いたあと、消灯後に従業員がこっそりお酒を飲むこともある。いままでは消灯後に一時間飲むと寝るのが二十二時になってしまい、翌朝四時からの仕事がつらかったが、消灯時間を早めたことによって、一時間夜更かしをしても二十一時には寝床に入れるというこのマジック。年々体力の落ちている私にとっては、目から鱗《うろこ》の名案だった。

ドラム缶取扱説明書

移動するときは
横に倒して転がす
ゴロ
ゴロ
軽油
重たいから気をつけて!!
ドラム缶1本
200ℓ
ドラム缶重量
約20kg
〈上から見た図〉
引っ張って向きを変える
一番外側の枠を持ちます
2人で動かすと楽
ドラム缶起こし
その1
上を持つ
よっ!!
要腕力
その2
下を持つ
腰を壊さないように!!
えいっ!!
ドラム缶と一緒に立ち上がる

遭難救助要請

山の遭難事故といえば、ヘリコプターと連携した救助活動がほとんどだ。ヘリの性能や技術も目を見張るものがある。だがヘリで遭難者をピックアップできる場所には条件があり、薬師沢小屋も以前は小屋前ではなく、小屋からやせた尾根を少し登ったカベッケが原まで人力搬送をしなければならなかった。ヘリもカベッケが原の小さな地面に着陸して、搬送した要救助者を乗せていた。もちろん遭難は小屋の中で起こるわけではないので、この際のピックアップは小屋まで自力でたどり着いた人間か、現場で身動きが取れなくなった遭難者を小屋まで人力搬送した場合による。

歴代の支配人は皆、屈強な男性だった。自力歩行のできない要救助者を背負い、カベッケが原への坂道を軽やかに登っていった。私も一度試しに小屋の人間を背負って登ろうとしたことがあるが、男性を背負ったうえに足元も悪く、万が一転んだら黒部川か薬師沢のどちらかに転落すること請け合いだったので、怖くて途中でやめた。

いまはヘリも世代交代をしてひと回り大きくなり、機体の安定性もよくなったので、小屋前でホバリングして要救助者をピックアップしてくれるようになった。そのこと自体はありがたいのだが、ヘリのダウンウオッシュによる爆風がとにかく凄まじく、小屋がビリビリバリバリと軋《きし》んで、いまにも壊れてしまいそうなのが不安だ。実際、壁のトタンが捲れたこともあり、後から気づいてヒヤリとした。ヘリが来たときの飛散物は、大事故につながる可能性があるので、あってはならない。

小屋前でのピックアップは、ヘリに搭載されたホイストと呼ばれる小型の巻き上げ・巻き下げ式の機械を使って行われる。通常は隊員二名がヘリから小屋前の小さなテラスに、ブラーンブラーンとフックに吊り下げられながら降下してきて、小屋内で待機している要救助者を確認。付き添いながらテラスに戻り、要救助者を専用のハーネスに固定し、フックに掛けて隊員一名と一緒に機内に収容。次に下りてきたフックに要救助者の荷物を背負った残りの隊員がぶら下がり、機内に収容。ヘリは離脱する。一連の作業が一分の隙もなくスムーズに行われるのを見ると、さすがは訓練を積んだ山岳警備隊・消防レスキュー隊だなと毎度のことながら惚れ惚れとする。

救助は遭難者本人、もしくは家族、所属山岳会などの要請があってはじめて発動されるものなので、遭難者の意識のない場合を除いて、山小屋として勝手に動くことは難しい。向かっているはずの人がいつまで経っても到着しないときは様子を見に出ることもあるが、一応そのような線引きはある。だが登山者からの情報自体は何かあったときに役立つので、山中で気づいたことがあれば山小屋に伝えていただけると助か

富山防災ヘリ「とやま」ホイスト救出

富山県は県警ヘリ「つるぎ」と防災ヘリ「とやま」が連携しているので、どちらかが飛んでくる。

3、要救助者と隊員1名を収容

1、隊員降下（2名の場合）

4、残りの隊員1名を収容

2、要救助者にハーネスを装着

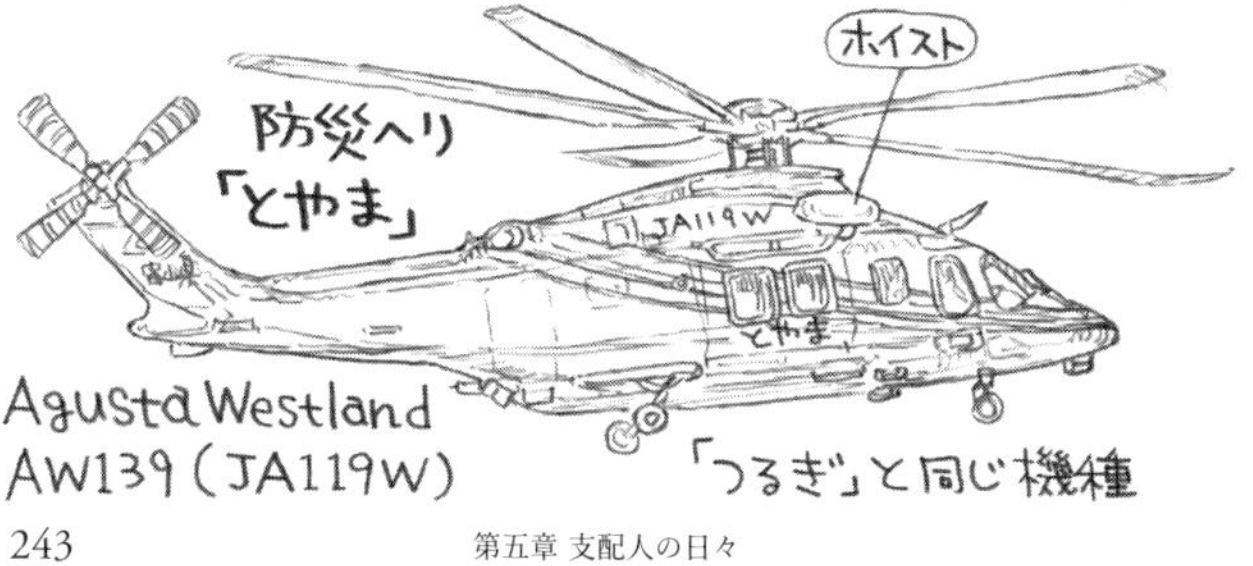

AgustaWestland
AW139（JA119W）

「つるぎ」と同じ機種

る。電波のない薬師沢小屋周辺では、登山者の情報が第一報になることがほとんどだ。

いざ救助要請が入ると、まずは当グループ総本山の太郎平小屋に無線を飛ばす。太郎平小屋から警察本部に連絡を取り、小屋に山岳警備隊が常駐している場合は連携して、警察からの救助方針と指示を待つ。その間、一報の入った小屋では、遭難場所、発生時間、遭難者の個人情報、状態など、できる限りの情報を集める。いわゆる人定というもので、救助の際にその人かどうか人違いしないための大切な段取りだ。出動の可能性がありそうなときは、備品を用意して待機をする。

このような状況のときに役立つのが土地勘だ。登山道に限らず、渓流釣りに沢登り。寸暇を惜しんで遊び回った経験が生かされる。場所を聞けば大方のイメージが湧くので、上空が開いていてヘリでピックアップできそうか、できなければどのくらいの移動が必要になりそうかを考える。だから山小屋で働く人間は、本当はもっとたくさん外で遊ぶのがいいと思っている。私も新人には可能な限り時間を取って外に出てもらいたいと思っているが、なかなか時間が取れないというのが現状ではある。

以前、小屋番が雲ノ平に遭難者を背負って搬送した話を書いたが、その事故のあと、薬師沢小屋には「背負いバンド」なるものが山岳警備隊から支給された。背負いバンドはその名の通り歩行不能な人間を背負って歩くためのもので、形状はリュックサックのようになっており、背面部分が袋状ではなく、背負われる人間の腰からお尻を包み込むような形になっている。

これで人を背負うと、重心がちょうど腰の上に乗り、普通に人を背負うよりも軽く感じる。そして最大の利点は両手が自由になるというところだ。人を背負って両手が使えるか使えないかでは、安全性が大きく違ってくる。この背負いバンドのおかげで、ようやく私でも人を担げるようになった。とはいえ、あまりにも自分の体重よりも重い人や、背の高い人は無理なので、そのときはほかの誰かに任せている。

出動要請がかかると、この背負いバンドを必ずザックに詰める。ほかには無線の子機、ファーストエイドキット、ヘッドランプ、雨具、防寒着、食料、水、スマートフォンくらいか。スマートフォンは電波がなくても地図アプリに地形図をダウンロードしておけば、GPS機能で位置情報が出るので便利だ。事故発生現場の場所、搬送後のヘリピックアップ場所を緯度経度で伝えると、ピンポイントで救助ヘリが飛んできてくれる。樹林帯の中でもほんの少し開けた場所があれば、真上に来てホイストで要救助者をピックアップしてくれる。

以前、上ノ廊下で事故が発生したときも、通過したグループが現場の位置情報をスクリーンショットして知らせてくれたので、速やかにヘリでピックアップすることができた。私も普段は全体を俯瞰《ふかん》できる紙の地図が好きで、もっぱらそちらを使っているのだが、捜索や救助要請の際はこの地図アプリの機能を使う。臨機応変に使い分け

背負いバンド

〈救助者側〉　〈要救助者側〉

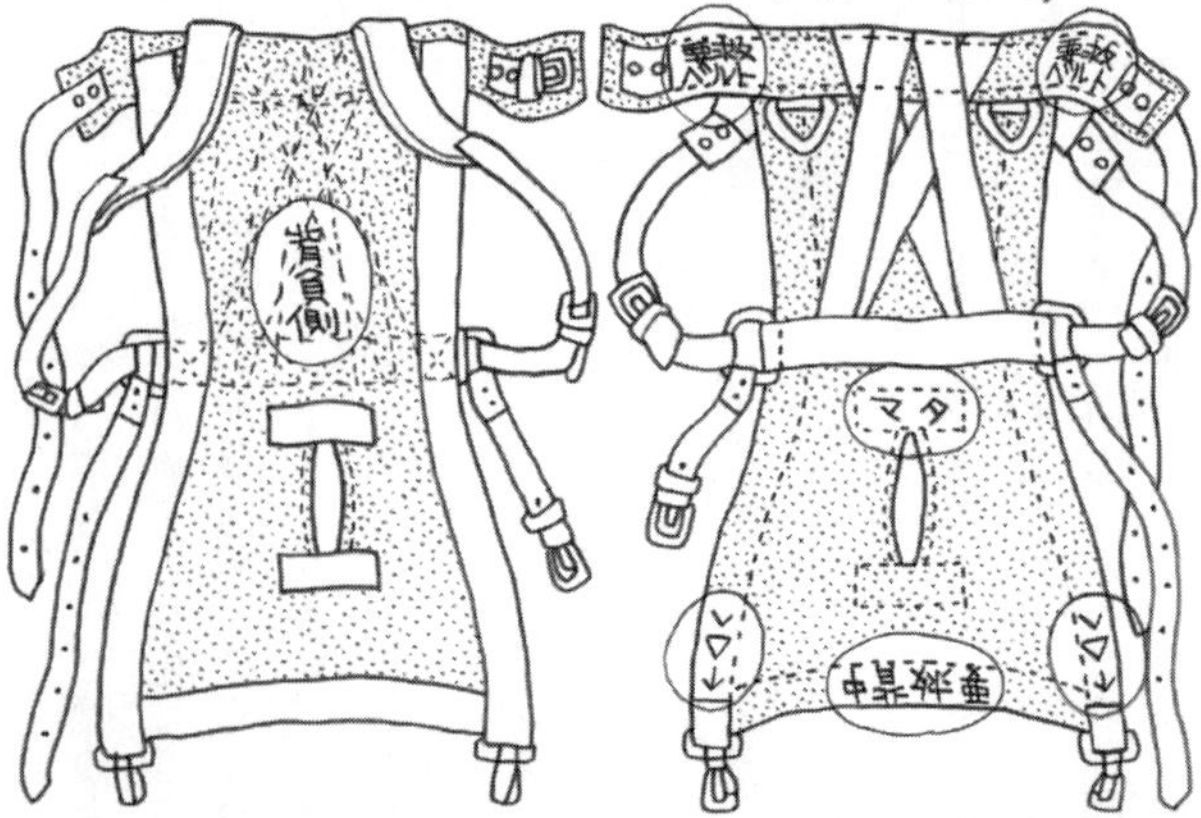

※現場で装着を間違えないように、各所に印をつけた

前後を金具で留めて、ウエスト周りのベルトを締める

背負いバンドを広げ、跨いで座る

〈簡易チェストハーネス〉
120cmスリングを片方の肩と背中に回す
重いっ？
普通に重い
片方のスリングの末端を、もう片方のスリングの末端に通して結ぶ
そんなはずは……
背負ったら救助者のウエストベルトを締める
引っ張るというよりも，バランスを取る感じで
登りのときは前に回して
搬送の際の補助にも使える
下りのときは後ろに回して

ればいいと思う。両方持っていれば安心だ。

さて、出動して現場に到着したらまずは人定を取る。無線で現場の状況、行動予定、天候などを伝えて搬送開始。たいていは二人一組で要救助者と荷物を交代で運ぶ。人を背負った際、バランスを取りやすいのは下りよりも登りなので、ピックアップ地点まで同じくらいの労力であれば、登りを選択する。しかし搬送のときほど「力持ちだったらなぁ」と思うことはない。要救助者に「大丈夫ですよー」と声はかけるが、背負う私よりも背負われるほうがよっぽど不安だろう。

その時々だが、搬送中に「あと何分後にヘリが離陸します」といわれて焦ることもあるが、ピックアップ地点に到着しても、待てども暮らせどもヘリが飛ばないこともある。夏の北アルプスではあちこちで遭難事故が起きているので、ヘリの順番待ちということもあるし、天候の回復待ちということもある。防寒着と食料を持ってきてよかったと思う場面だ。

救助活動中という場面にあっても、久しぶりに小屋を離れてふと風景を見渡せば、なんと美しく世界の輝いていることかと思う時がある。たとえ怪我をするようなリスクがあっても、みんなが山に来る気持ちがよくわかる。山に来るときっと、自分の好きな自分に会えるのだ。その時の自然な状態の気持ちでいられる自分。嘘をつかないでもいい自分。きっとまた要救助者も、再び山に帰ってきてくれるにちがいない。

秋の休暇

　山の短い夏から秋の移ろいを感じる季節になると、待ちに待った従業員の休暇が始まる。山小屋の体制によって休みの取り方はまちまちだが、当山小屋グループでは秋の平日に交代しながら休暇を取るのが通例だ。中期メンバーは二泊三日、長期メンバーは三泊四日の有給休暇になる。え、それだけ？と思われるかもしれないが、予約の少ない日に交代で遊びに出られることや、天候が荒れてお客さんのほとんどいないときに休養できるから、まあこんなものかなと思っている。

　休暇になると用事で下界に下りる人もいるが、薬師沢小屋からだと入下山だけで二日間使ってしまうので、私はもったいなくて山を歩く。さすがにこの界隈は二十年近く休暇で歩き回ってひと通りは歩き尽くしたので、いまは以前のようにガツガツとは歩かず、釣りに温泉にと比較的のんびり過ごすようになった。

　だが何年経っても待ちに待った休暇だ。私は首を振り振り「いやー、いやー」を連発しながら歩く。なんて素晴らしい。清流の奏でる心地よいざわめき、足元を慌てふためき走るイワナ。山ではボヤッとしていると、唐突に鳥や動物がひょっこりと顔を出すから驚く。私と違う生き物が生きているという当たり前がうれしい。植生も亜高

釣りのパラダイス!!
竜晶池もおすすめ
赤牛岳
温泉が気持ちいい〜
水晶岳
スケッチしよう
高天原山荘
水晶小屋
祖父岳
小屋前の絶景ベンチで乾杯!!
黒部源流の始まりはここから
ワリモ岳
鷲羽岳
鷲羽池でのんびり過ごす至福の時間
至湯俣
伊藤新道から見る槍ヶ岳と硫黄尾根の迫力がスゴイ!!
黒部源流
休暇MAP

美渓赤木沢!!
至太郎兵衛平
薬師沢小屋
薬師沢
行ってきます!!
祖母岳山頂のベンチが好き♡
赤木沢
景色がいいわー
雲ノ平山荘
祖母岳
祖母沢はヤブ沢です
使えないー
雲上の楽園!!
祖父沢はめっちゃ滑ります
祖母沢
黒部川
祖父沢
黒部五郎岳
五郎沢
展望食堂が最高!!
三俣山荘
なんて雄大なカールの風景!!
三俣蓮華岳
黒部五郎小舎
薬師沢小屋からの最短ルート!!
至槍ヶ岳
双六岳
※バリエーション含みます!!

山帯から高山帯にかけてのグラデーションが季節ごとの色彩を奏で、一歩足を踏み出すごとに景色が変化していくので飽きることがない。地形にせよ、昨日、今日と歩いた範囲の中に、谷底から溶岩台地、湿地、温泉、岩峰、カール、カルデラ湖といったふうに、造山活動の変遷が見られるのが面白い。黒部源流域の素晴らしさは、水の恵みと変化に富んだ風景に内包された生命の多様性だ。

歩き尽くしたと前述したが、実はまだ歩いていない道もある。それは伊藤新道だ。伊藤新道は『黒部の山賊』の著者、三俣山荘グループの故伊藤正一さんが一九五三年に着工し、一九五六年に開通した高瀬渓谷の湯俣〜三俣山荘を結ぶ登山道だ。この登山道のおかげで、登山口から最低でも二日間はかかる北アルプス最新部の三俣山荘まで、一日でたどり着けるようになった。

だが登山道として機能していたのは十五年くらいの間だった。一九七九年に高瀬ダムが竣工されたことによる地下水位の上昇が原因で、湯俣川がいままでよりも高い水位で氾濫を起こすようになってしまった。このため登山道の下半分を沢沿いにつけていた伊藤新道は、吊り橋の流失、徒渉困難などの理由により、一九八三年ごろには廃道となった。その後はバリエーションルートとして時折人が通る程度になる。

一時は廃道になってしまったものの、正一さんの長男、現三俣山荘オーナーの伊藤圭さんによって、伊藤新道の上半分は登山道整備の手が入るようになった。三俣山荘から展望台と呼ばれる場所までの区間で、鷲羽岳《わしばだけ》山腹のトラバースと森の中の稜線をたどる山道で構成されている。歩き始めるにつれ、槍ヶ岳をバックにして屏風のように居並ぶ硫黄尾根の荒々しい姿が間近に迫り、視界が開けるたびに圧倒される。

私も散歩がてら展望台まで往復しようかなと上半分を歩いたことはあるのだが、三俣山荘から展望台までは標高差にして約四百メートル、距離もそれなりにあったので、その日に薬師沢小屋から三俣山荘まで黒部川源流を遡行してきた私の足にはいささかきつく、第二庭園を過ぎてしばらく行ったところでくたびれ果て、「もういいや！」と叫んで帰ってきてしまった。

伊藤新道の復活は生前の正一さんの望みだったという。この登山道は正一さんが莫大な私財を注ぎ込んでつくった道であり、圭さんもまた父の意思を継ぎたいという思いを持っていた。そして圭さんにとっての伊藤新道復活とは、単に道のつくり直しという意味合いだけではなく、冒険と発見、自然体験などの楽しみを体験できるフィールドとしての価値を持たせたいと考えていた。整備に関しても、共感してくれる人や地域のコミュニティーを巻き込み、みんなで関わっていく方法を模索した。

二〇二二年、クラウドファンディングの成功により、伊藤新道の本格的な整備が始まった。前年に架けた第一吊り橋が未曾有の大増水で破壊されたこともあり、吊り橋を架ける位置を上部に引き上げるなどの苦労もあった。ちなみにこの大増水のときは、薬師沢小屋でもヘリポートの下を洗うくらいまで川の水が上がった。ヘリポートの下は小屋開けのころに流木がたまっていることもあったので、春先の雪解け水の多いころには水が上がるのかな、くらいには思っていたが、シーズン中にここまで水が上がるのを見たのははじめてだった。

近年、下界は酷暑の夏が続くが、山の上とはいえ伊藤新道の整備は過酷な作業であったろうと想像する。圭さんをはじめとしたたくさんの人の協力により、二〇二三年八月二〇日、伊藤新道は約四十年ぶりに開通の運びとなった。二〇二四年にはルート上に避難小屋も設置予定だ。こちらもクラウドファンディングによるプロジェクトだ。登山者が登山をするだけではなく、山岳を取り巻く環境改善に参加するという意識を持つようになっているということは、山小屋で働く身としてうれしい。

開通したとはいえ、伊藤新道はバリエーションルートの範疇だ。入山に関しては通行届けを湯俣山荘と三俣山荘に提出し、基本的な沢歩きの装備、水位の確認などの準備を怠らずに臨んでほしい。不安な人はガイド山行で歩くという方法もある。私も今度は三俣山荘からの往復ではなく、湯俣から上がってみたいなと思いを馳せているところだ。伊藤新道がこの先もたくさんの人の協力によって維持されていくよう、同じ山域の仲間として応援していきたい。

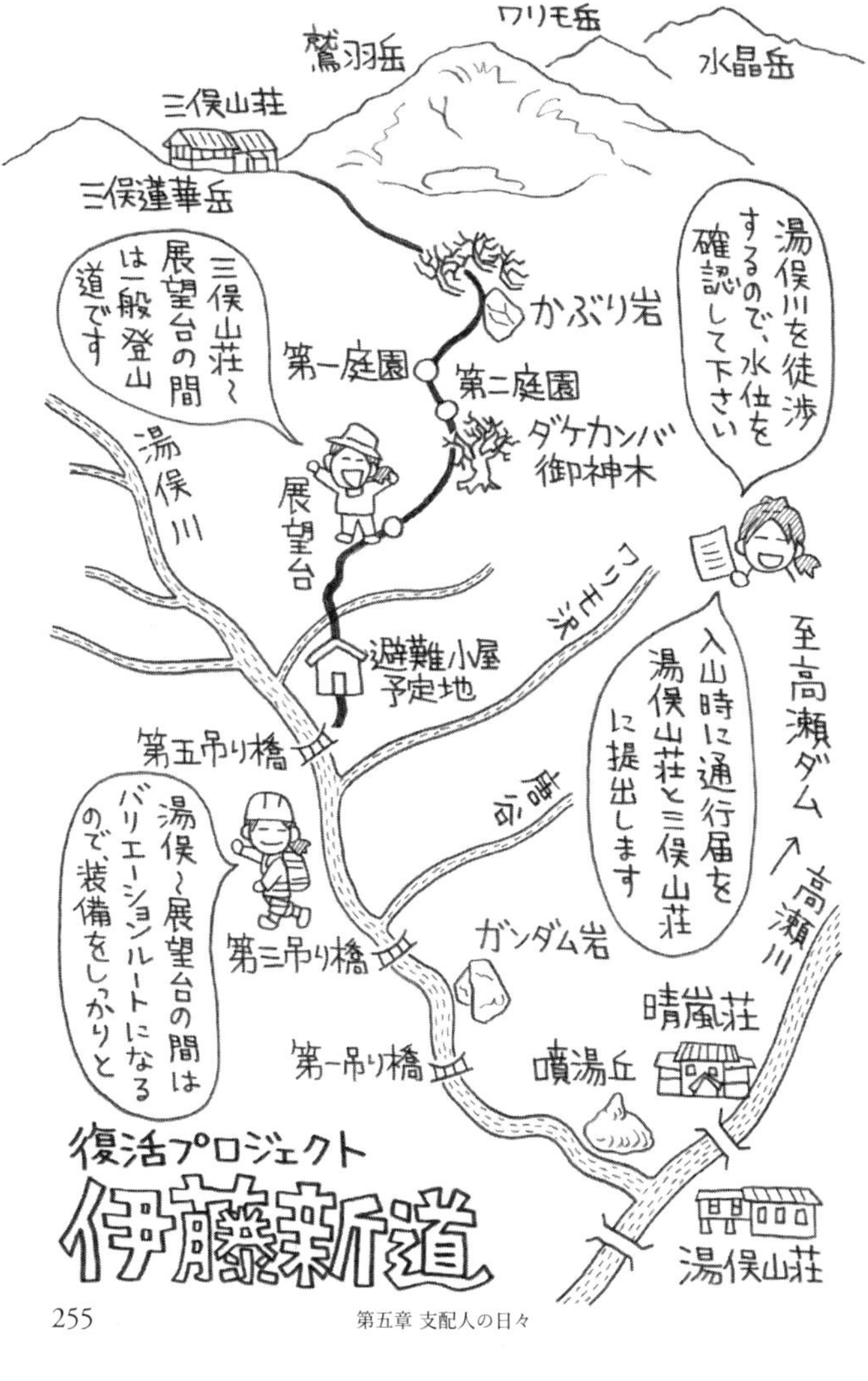

ワリモ岳
鷲羽岳
水晶岳
三俣山荘
三俣蓮華岳
三俣山荘〜展望台の間は一般登山道です
かぶり岩
第一庭園
第二庭園
ダケカンバ御神木
湯俣川を徒渉するので、水位を確認して下さい
湯俣川
展望台
ワリモ沢
避難小屋予定地
入山時に通行届を湯俣山荘と三俣山荘に提出します
至高瀬ダム
第五吊り橋
湯俣〜展望台の間はバリエーションルートになるので、装備をしっかりと
高瀬川
ガンダム岩
第三吊り橋
晴嵐荘
第一吊り橋
噴湯丘
復活プロジェクト
伊藤新道
湯俣山荘

たまには当山小屋グループから離れて、いつもと違う場所に行くというのはいろいろと勉強になるものだ。他所の山小屋に泊まると、お客さん目線になって山小屋というものを眺められる。設備や雰囲気、食事の内容から部屋の布団まで、すべてが薬師沢小屋とは異なる。建物が新しくていいなぁ、というのは仕方がないとしても、持って帰れるよさは小屋に帰ってから生かすようにしている。

なかでも休暇でよく訪れるのがお隣さん、雲ノ平山荘だ。こちらは故伊藤正一さんの次男の二朗さんがオーナーだ。付き合いが長くなって親しいこともあり、この小屋に訪れるとホッとする。建物も以前の山荘に比べると光が建物全体に取り込まれ、明るくて空間も広々としている。谷底の薬師沢小屋では望めない環境だ。小屋の中でのんびりできるスペースがあるのもいい。

二朗さんも圭さんとはまた違ったアプローチで、山小屋から現代社会に向けて発信を試みている。そのなかでも私がとくに心を惹かれるのが、アーティスト・イン・レジデンスだ。これはアーティストが一定期間ある土地に滞在し、いつもとは異なる環境のなかで制作を行う活動、支援事業のことをいう。目的としては異文化交流による新たな価値や創造の模索、といったところだが、二朗さんは「アートを通じて社会と自然環境の調和をデザインする試み」と表現している。

そもそも私自身、登山とは山に登ること、沢登りや渓流釣りなどアクティビティーの一環としての認識しか持っていなかった。だが、いわれてみれば、たしかに山に行けば心も体もスッキリするし、自分自身の物の考え方も自然から影響を受けている。二朗さんは私の漠然とした感覚を言葉に置き換える。登山を含むアウトドアカルチャーというものが、単なる趣味にとどまらず、言論・文化・想像力といったものに影響を与え、人間の社会活動としての都市の創造性に還元されるものであると。

都市は人間の意識や思想によって創造されていく。人は生き物であり、自然の一部だ。私たちが自然のなかに入り込み、世界と向き合い、美しさを知ることが、自然環境と調和の取れた社会を構築していくうえで必要になる。雲ノ平山荘で取り組むアーティスト・イン・レジデンスは、さまざまなアーティストによるアート、すなわち人間性の表現活動を通し、社会に対して自然の価値を問う。

「今年はサイエンス・ラボも始めて、自然科学や社会人文学の研究者も呼んでみたんだ」相変わらずののんびりとした口調で二朗さんは話す。私は休暇でいつもよりも少し多めのアルコールを摂取した頭で考える。自分にできることはなんだろう。大好きな黒部源流のために、というとおこがましいが、私もこの土地に関わりながら生きていきたい。心から願う秋の休暇のひとときだった。

薬師沢小屋物語

今シーズン薬師沢小屋に入った男性スタッフが、九月に小屋で還暦を迎えるという。それはめでたい、是非ともお祝いをせねば。私は常連さんに赤いちゃんちゃんこと頭巾を手配するようお願いして、小屋でささやかな還暦パーティーを開催することにした。ちゃんちゃんこかぁ、と難色を示す彼に「せっかくだから」と頭巾を無理やりかぶせ、私は還暦になった彼の似顔絵を描いて贈った。「還暦なんてジジィ臭くてやだなぁ」と憎まれ口を叩きながら、彼がお祝いのケーキを前に「この小屋も還暦なんですよね」というから驚いた。そうなの？「昭和三十八年ですよね、小屋ができたの。俺も同じです」

一九六三年（昭和三十八年）に薬師沢小屋が建てられて、今年で六十年目の二〇二三年。私がこの小屋で働き始めてから二十年経つから、小屋の三分の一の歴史をともに歩いてきたことになる。何やら感慨深い。たしかに働き始めたころのスタッフは、すでに結婚して家庭と子どもを持つ人も多いし、ピチピチの学生だった子も、いまやすっかり大人、というかオッサンになってしまった。常連さんの顔ぶれも変わってきた。私も下界に下りれば二十年分の変化はあるはずなのだが、夏になってここに戻ると、不思議と二十年前から時が止まっているかのような錯覚に陥る。自然の持つ時間軸のせいかもしれない。いろいろなことが変わってはいるのだが、変わらないなぁ、と思う。小屋もきっと六十年間、私と同じような気持ちでここに建っているにちがいない。

薬師沢小屋が建てられる以前に時を戻そう。昭和三十年代半ば、奥黒部に向かう登山者の人口は急激に増えていった。年々増え続ける登山者に太郎平小屋だけでは対応しきれないことに加え、太郎兵衛平―薬師沢―雲ノ平―三俣蓮華をつなげる秘境ルートとして、安全面においても薬師沢小屋の存在は必要と思われた。昭和三十七年、五十嶋氏は山小屋建設のための許可を取り、準備に着手した。

当初小屋を建てる場所は、薬師沢出合から尾根を登ったカベッケが原に、という案もあった。だが五十嶋先代の文一氏の考えはちがった。高原状の場所にある山小屋はほかにもたくさんある。登山者が清流を眺めながら談笑し、その奏でる音に心地よく耳を傾ける。さまざまな川の表情をとらえながら自然を楽しむには、やはり出合に山小屋を建てたい。そうした考えのもとに選定され建てられたのが、薬師沢出合から八メートル上部の高台にある薬師沢小屋だ。大増水のときは心臓が縮みそうなくらいの

凄まじい雪崩になぎ倒された樹齢五十年を超えるオオシラビソの大木

凄まじい濁流が眼前に迫るが、普段は飽きることなく眺めていられる清流に囲まれた、水の豊かな谷底の小屋だ。

ではもうひとつの選定場所、カベッケが原のほうはというと。山小屋を建てるには開けていていいのではないかと思うが、実は上ノ岳方面からの雪崩がここまで到達する。雪の多かった年、私も一度だけその雪崩の凄まじさを目にしたことがある。カベッケが原に樹齢五十年を超えるオオシラビソの大木が、バタバタと倒れていたのだ。私は言葉を失った。雪崩に流された倒木は、カベッケが原の木道上まで到達していた。二十年以上小屋に通っている常連さんですら、こんな有様は見たことがないと驚いていた。ほかの場所では、薬師沢の対岸から吹き飛ばされた大木が、天地逆さまになって雪面に突き刺さっている光景にも出くわした。きっと数十年に一度くらいの割合で、とてつもない威力の雪崩が発生しているにちがいない。

そんな目でカベッケが原を眺めると、上ノ岳方面斜面の雪崩の通り道には、なるほど高木がない。秋になるとダケカンバの鮮やかな黄色が斜面を彩るが、オオシラビソの耐えられない雪崩の通り道こそが、雪の重さに強いダケカンバの生育地だったことに気づく。もしもカベッケが原の真ん中に山小屋を建てていたら、雪崩の被害は免れえなかっただろう。仮に建てるとしても、カベッケが原から奥に分け入った森林を切り開く必要があった。

昭和三十八年、この年から太郎平小屋関係の作業にヘリコプターの導入が始まり、歩荷の時代が終焉を迎えた。カベッケが原にはヘリで建築資材が搬送され、薬師沢出合の高台に間口三間、奥行き五間、十五坪の小さな山小屋が完成した。

この年は一月に薬師岳東南陵で愛知大学学生十三名が全員死亡という大量遭難が発生した年でもあった。五月までに十一人の遺体が発見されたものの、東南陵から黒部川側に落ちたと推測される二人は、秋になっても行方不明のままだった。自主捜索に切り替わり、諦めきれずに探し続ける遺族とともに最後の二人が見つかったのは、捜索打ち切りの前日だった。十月十三日に捜索隊が一度閉じた薬師沢小屋に入り、翌十四日、東南陵から黒部川側に落ちる谷の中から、二人の遺体を発見することができた。このまま冬に突入していれば、遺体は雪崩に押し流され、永久に見つかることはなかっただろう。

昭和四十三年、薬師沢小屋を増築し、四間×四間×二階、三十二坪の小屋となる。同年、いままで使っていた大東鉱山の人たちと共同で架けた私設の吊り橋に代わり、厚生省と富山県によって本格的な吊り橋が新設された。昭和五十六年、五六豪雪と呼ばれる雪害で倒壊した小屋の食堂と厨房の増改築が実施され、吊り橋の補強工事も行われた。平成十七年、玄関先にバイオトイレが完成し、現在の薬師沢小屋の形となった。

増改築はあったものの、厳しい自然環境のなかで築六十年にもなる山小屋だ。雪の重みに押されて傾いた小屋を支えるためのつっかい棒、土台のジャッキアップなどは試みているが、いずれは全面建て替えを検討しなければならないだろう。そのころにはさすがに私も小屋にはいないと思われるが、いまはまだこの小屋の歴史とともに歩いていたい。私にとっての愛おしい薬師沢小屋は、昭和の香りをプンプンとさせた、傾いて昼なお暗い谷底の山小屋だ。


薬師沢小屋の六十年の歴史には及ばないが、振り返れば私が山小屋に関わるようになってからの自身の歴史にもさまざまなことがあった。どうでもいい話だが、客として薬師沢小屋に泊まったのは、当時付き合っていた彼氏に連れて来てもらったのが最初で最後だった。二十代半ば、私にも乙女の時代があったのかと、いまさらながら赤面してしまう。だがあるとき、家庭に収まる気など一ミリもない自分の気持ちに気がつき、広大に広がる世界を夢見て彼の元から飛び出してしまったのだ。すべてのドアはどこでもドアだ、とかなんとかいって。

薬師沢小屋で働き始めたのはその後だ。働くにあたって傷心の気持ちがどこかにあったことは否めない。だが黒部源流の大自然で過ごす日々は、ちっぽけな人の心など意に解さないくらいキラキラと輝いていて……。あれ？　嫌になるくらい忙しかったっけ？　とにかく私は別れたことなんかすっかり忘れ、黒部源流に魅入られてしまった。この場所にいたい、という気持ちを強く抱いたのだった。

人生というものはたいてい思い通りにはいかないもので、翌年は希望がかなわず太郎平小屋で働いた。上司に苦言を呈されては凹み、そろそろ下界に下りて真っ当な人生でも歩もうかと考えては山を下り、そしてやはり山にいたいと思っては上がり。行ったり来たりの山小屋人生だった。覚悟が決まったのは、二度目に堅気になろうとして下界に下り、それでもどうしても薬師沢小屋に帰りたいと思って山小屋に上がったときからだ。

そこから始まるお話が小屋番との「黒部源流山小屋暮らし」だ。いまや小屋番はいなくなり、支配人になった私だけがこの小屋に残っている。物語の続きはこれからどうなっていくのだろう。まだ私自身にもわからない。わからないから面白い。

薬師沢小屋

おわりに

　山小屋の暮らしはまるで旅のようだ。毎日、何が起こるかわからない。シーズンになれば、お客さんが入れ代わり立ち代わりやって来て、旅に出ずとも旅がやって来る、そんな感じだ。薬師沢小屋はまるで黒部源流に浮かぶ一隻の船のようだ。舷窓の向こうでは、季節に合わせて風景がゆったりと流れていく。ときに嵐で屋根が吹き飛ばされたり、遭難事故が発生したりと、ハプニングは尽きないが、天気のよい日には、空をぼんやりと眺め、釣り竿を振ったり、昼寝をしたりして、至福の時を過ごす。実際はなんだかもっと忙しくて、大変だったような気もするが、そういったことは忘れるように人間できているらしい。楽しかった思い出だけが純化されていく。記憶とは曖昧かつ都合のよいものだ。

　もしも誰かがこの本を読んで、黒部源流に行ってみたいとか、薬師沢小屋に泊まってみたい、なんて気持ちになってくれたらいいなと思う。そのなかでも山小屋で働いてみることに興味を覚えてくれる人がいたなら、なおうれしい。山小屋は逃げ場のない閉鎖社会なので、下界以上のコミュニケーションが必要となってくるが、それは徐々に身につけていけばいいと思う。できないところから始めればいい。私もひとつひとつ、大切なことを、先輩や仲間から教わってきた。それだけに、いまも感謝の気持ちが尽きない。ここで頑張りたい、役に立ちたいと思う。

今回、山小屋の話を一冊の本にまとめさせていただくにあたって、たくさんの人にご協力をいただいた。黒部源流に関する文献もあれこれとひっくり返し、改めて自分の知らなかった山小屋の歴史を知ることができた。また、マスターをはじめとした山小屋関係者の方々の話を聞かせてもらったことも、大きな力になった。ここに書ききれなかった話も多いが、物語の土台として生きている。本当にありがとうございました。この本が山小屋の歴史をつなげていくなかで、何かしらのきっかけになりましたなら幸いです。

文庫版　あとがき

支配人が変わると山小屋の雰囲気が変わるという。小屋番がいなくなって三年経つが、片割れの私が引き継いでいるせいか、薬師沢小屋の雰囲気はあまり変わっていないように思う。拭いても磨いても小屋はボロボロのままだけど、登山客や釣りの常連さんたちは、訪れるたびにニコニコとご機嫌そうだ。なんとか支配人としての役割を果たせてはいるのかなと、皆の笑顔や笑い声を聞くたびにホッとする。

支配人になった当初は、慣れない仕事と立場に心のゆとりもなかった。豊かな大自然のなかにいるというのに、自分のふがいなさにため息ばかりついていた。訪れる常連さんたちは、私の心の中を見透かすように、いつも優しく声をかけてくれた。「やまっちゃん、釣り行ってる?」「けいこさん、釣りしてますか?」「釣りに行かなきゃダメだよ」。釣り人の挨拶なのか、きまって同じようなことをいうのがおかしかった。

そうだ、私は渓流釣りが好きで沢登りを始めたのだし、薬師沢小屋で働き始めたのだった。けれども釣りに行きたいという気持ちは、支配人になってからは抑えるようになっていた。「いまはもう自分が遊ぶのではなく、新しく来てくれた人たちに外で遊んでもらうのが優先です。立場が変わりました」。もっともらしい答えを返してはいたが、心はいつも川の様子とイワナの動向に気を取られていた。ひと雨降れば川は増水する。雨がやんで水の濁りが取れてくると、イワナの活性が上がって入れ食い状態になるのだ。そんなとき私は、いつもウズウズと落ち着かない気持ちになっていた。釣りパラダイスと呼ばれる黒部源流にいるのに、釣りに行けないなんて。まさに天国と地獄！

せっかく山小屋で働いているのに、大自然のなかで楽しまなくてどうする。新しく来てくれた人たちはもちろん、支配人自らが飛び出さなくては。そのほうが下の人たちだって遠慮しなくて済むにちがいない。まずは私が釣りをして笑顔になるのが先決。私が笑顔になれば従業員も幸せ。常連さんも幸せ。お客さんも幸せ。よし、言い訳はできた。釣りに行こう！

一年目、二年目、三年目。少しずつ私の釣り竿を手に取る回数が増えてきた。イワナには申し訳ないが、釣りは何度やってもいくらやっても、最高に楽しい。はち切れんばかりの笑顔で黒部源流を眺めれば、いつもにも増して風景がキラキラと鮮やかに輝いて見える。

小屋番がいなくなろうが支配人になろうが変わらない。私は黒部源流と薬師沢小屋が世界で一番好きだ。これからも一人でも多くの人に、この大自然の素晴らしさを伝えていきたい。それが黒部の神様に対する私の感謝の気持ちだ。God Bless You!

参考文献

五十嵨一晃（二〇〇四）『岳は日に五たび色がかわる』太郎平小屋50周年記念誌編集委員会
五十嵨一晃（二〇一二）『越中薬師岳登山史』五十嵨商事
五十嵨一晃（二〇一七）『立山ガイド史Ⅱ』五十嵨商事
五十嵨博文・ほか編（二〇〇〇）『薬師岳に魅せられて』薬師岳方面山岳遭難対策協議会
50周年記念誌編集委員会編（二〇〇四）『太郎平小屋　50周年を迎えて』五十嵨博文
伊藤正一（一九九四）『黒部の山賊　アルプスの怪』実業之日本社
三俣山荘事務所編（二〇〇一〜二〇一八）『なかまど』（創刊〜二〇号）三俣山荘事務所
原山智・山本明（二〇〇三）『超火山〔槍・穂高〕』山と溪谷社
加藤則芳（二〇〇〇）『日本の国立公園』平凡社
瀬田信哉（二〇〇九）『再生する国立公園　日本の自然と風景を守り、支える人たち』（ASAHI ECO BOOKS 25）清水弘文堂書房
久末弥生（二〇一一）『アメリカの国立公園法　協働と紛争の一世紀』北海道大学出版会
村串仁三郎（二〇一一）『自然保護と戦後日本の国立公園―続『国立公園成立史の研究』』時潮社

写真＝秦 達夫

著者紹介

やまと けいこ（大和景子）

山と旅のイラストレーター。1974年、愛知県大府市生まれ。武蔵野美術大学造形学部油絵学科卒業。高校生のとき、はじめて北アルプスに登り、山に魅了される。大学時代はワンダーフォーゲル部に所属し、日本の山々を縦走。同時に渓流釣りにもはまり、沢歩きを始める。卒業後は鈴蘭山の会に所属し、沢登りと山スキーを中心とした山行へと幅を広げる。イラストレーターと美術造形の仕事をしながら、29歳で山小屋アルバイトを始め、薬師沢小屋暮らしが始まる。このころからアフリカや南米、ネパールなど、絵を描きながらの海外一人旅もスタートした。39歳で東京YCCに所属し、クライミングを始め、現在に至る。薬師沢小屋暮らしは、トータル16シーズン。黒部源流の自然と薬師沢小屋が世界で一番好き。イラストレーターとしては、山と溪谷社、Foxfire、PHP研究所、JTBパブリッシングなどで作品を発表。美術造形の仕事としては、国立科学博物館、名古屋市科学館、福井県立恐竜博物館、熊本博物館、東京都水の科学館、東京ディズニーランド、藤子・F・不二雄ミュージアム、ほか多数で制作物を展示している。著書に本書のほか、『蝸牛登山画帖』がある

＊本書は二〇一九年四月五日に山と溪谷社から刊行された『黒部源流山小屋暮らし』に書き下ろしの原稿と新規イラストを加え、文庫化したものです。

挿画＝やまとけいこ
ブックデザイン＝松澤政昭
校正＝五十嵐柳子
編集＝稲葉 豊、宗像 練（山と溪谷社）

黒部源流山小屋暮らし

二〇二四年三月一日　初版第一刷発行
二〇二四年六月一日　初版第二刷発行

著　者　やまとけいこ
発行人　川崎深雪
発行所　株式会社　山と溪谷社
郵便番号　一〇一―〇〇五一
東京都千代田区神田神保町一丁目一〇五番地
https://www.yamakei.co.jp/
■乱丁・落丁、及び内容に関するお問合せ先
山と溪谷社自動応答サービス　電話〇三―六七四四―一九〇〇
受付時間／十一時～十六時（土日、祝日を除く）
メールもご利用ください。
【乱丁・落丁】service@yamakei.co.jp
【内容】info@yamakei.co.jp
■書店・取次様からのご注文先
山と溪谷社受注センター　電話〇四八―四五八―三四五五
ファクス〇四八―四二一―〇五一三
■書店・取次様からのご注文以外のお問合せ先　eigyo@yamakei.co.jp

本文フォーマットデザイン　岡本一宣デザイン事務所
印刷・製本　大日本印刷株式会社

Printed in Japan　ISBN978-4-635-04969-6